Henri Boyer

INTRODUCTION
À LA SOCIOLINGUISTIQUE

DUNOD

© Dunod, Paris, 2001

ISBN 2 10 004803 1

Sommaire

Chapitre 3
L'analyse de la pluralité linguistique

Chapitre 4
Les États et la gestion des langues

Avant-propos

Qu'est-ce que la sociolinguistique ? C'est bien évidemment à cette question que notre *Introduction* voudrait apporter, en premier lieu, une réponse. Certes une réponse forcément cadrée mais qui tente d'être satisfaisante en ce qui concerne les fondements et les priorités.

La sociolinguistique est une science de l'homme et de la société qui a émergé, voilà près d'un demi-siècle, en tant que territoire disciplinaire déclaré, « labellisé » pourrait-on dire, de la critique salutaire d'une certaine linguistique structurale enfermée dans une interprétation doctrinaire du *Cours de linguistique générale* de Ferdinand de Saussure.

Cette discipline était bien évidemment en gestation dans l'œuvre d'un certain nombre de linguistes, avant et après Saussure. Elle va conquérir ses lettres de noblesse d'abord outre-Atlantique pour ensuite prospérer en Europe et singulièrement en France, où elle constitue aujourd'hui un vaste territoire scientifique particulièrement prolifique. Même si ce territoire peut paraître à certains égards éclaté, il n'en est pas moins habité par quelques lignes théoriques et méthodologiques directrices que cet ouvrage s'efforcera de mettre en évidence.

C'est donc à un double parcours que nous invitons le lecteur (qu'il ait ou non acquis au préalable quelques notions de linguistique générale).

D'une part, il sera question, dans les pages qui suivent, de la genèse de la « sociolinguistique », de la construction de son objet fondamental : la vie du langage et des langues au sein des sociétés humaines, et d'un ensemble de principes d'analyse adaptés à cet objet. D'autre part il sera également question de l'articulation des divers domaines qui la composent, fondamentalement ouverts à la transdisciplinarité. La perspective théorique et méthodologique, qui constitue la matière essentielle du premier chapitre, sera bien entendu présente dans les autres chapitres. Cependant ces derniers seront consacrés à un parcours circonscrit à des problématiques concrètes :

– tout d'abord celle de la *variation*, inhérente à l'exercice sociétal des langues vivantes (et dont la sociolinguistique a montré qu'elle était structurable) et de l'*imaginaire* de cette variation, de son poids sur la régulation des usages linguistiques (chap. 2) ;

– ensuite sera abordée la question des contacts de langues au sein de sociétés plurilingues ou dans des situations de bilinguisme. Question qui ne manque pas d'alimenter depuis fort longtemps un débat sur la nature plus ou moins conflictuelle de ces contacts et également sur les nouvelles langues qui émergent parfois de ces mêmes contacts (chap. 3) ;

– la troisième problématique présentée concerne un type d'intervention à caractère pratique, technique tout au moins, de la sociolinguistique : il s'agit de la gestion des langues au travers de politiques linguistiques, institutionnelles ou non (chap. 4). Ce dernier domaine n'est pas le seul qui a permis à la sociolinguistique d'être reconnue comme science *utile* (même si ce qualificatif peut choquer certains tenants d'une linguistique étroitement « théoriciste »), susceptible de faire évoluer positivement certaines situations de malaise collectif, d'injustice sociale, voire de violence intercommunautaire.

Les autres domaines traités ont également permis à la sociolinguistique de montrer qu'elle pouvait contribuer à éclairer et à corriger les difficultés à propos desquelles le langage, les langues, apparaissent en première ligne, comme celles qui touchent au handicap linguistique et culturel et donc à la discrimination.

Chapitre 1

La sociolinguistique : un autre regard sur le langage et les langues en sociétés

La sociolinguistique est, à n'en pas douter, l'une des sciences du langage qui, depuis quatre décennies environ, a apporté à cet ensemble disciplinaire le plus de renouveau théorique et méthodologique, si l'on en juge par l'abondance des ouvrages et articles s'en réclamant et dont la publication n'a pas faibli.

William Labov, l'un des pères fondateurs de la discipline (il sera question de ses travaux à plusieurs reprises dans cet ouvrage), considère « qu'il s'agit là tout simplement de *linguistique* » et on pourrait préciser : de *linguistique générale* (Labov, 1978, p. 258). Avec cette affirmation, il prend position contre les linguistes qui suivent la tradition saussurienne et les enseignements du *Cours de linguistique générale* de F. de Saussure (pour lui « la grande majorité »), et « ne s'occupent nullement de la vie sociale : ils travaillent dans leur bureau avec un ou deux informateurs, ou bien examinent ce qu'ils savent eux-mêmes de la *langue* » et qui, au lieu de suivre Antoine Meillet dont Labov salue les intuitions, « s'obstinent à rendre compte des faits linguistiques par d'autres faits linguistiques, et refusent toute explication fondée sur des données "extérieures" tirées du comportement social » (Labov, 1976, p. 259).

On doit donc considérer que l'émergence du territoire de recherches appelé *sociolinguistique* s'est produite d'abord sur la base d'une critique des orientations théoriques et méthodologiques de la linguistique dominante – un certain structuralisme, gardien de l'orthodoxie saussurienne – et d'une révision des tâches du linguiste.

I. LES LIMITES D'UN CERTAIN STRUCTURALISME EN LINGUISTIQUE

Le *Cours de linguistique générale* (réédité régulièrement chez Payot : la meilleure édition critique est celle de T. de Mauro, toujours chez Payot (1974)) a constitué indéniablement un tournant en linguistique. Ce cours, publié par les disciples de F. de Saussure en 1916, jetait les bases d'une analyse rigoureuse du langage et des langues.

Sans rentrer dans le détail de l'ouvrage et de ses apports théoriques, nous évoquerons deux conceptualisations qui, précisément, ont fait problème parmi les linguistes qui ont exprimé leurs critiques face à une interprétation rigide des thèses saussuriennes, qui empêchait la linguistique d'intégrer la complexité du réel linguistique.

1. *Langue* et *parole*

Pour F. de Saussure, on le sait, la *langue* est l'objet premier de l'analyse linguistique. Car « la langue seule paraît être susceptible d'une définition autonome », « c'est un tout en soi et un principe de classification » (Saussure, 1974, p. 25). Elle doit être soigneusement distinguée de la *parole* : ainsi, « en séparant la langue de la parole, on sépare du même coup :

1) ce qui est social [= la langue] de ce qui est individuel [= la parole] ;
2) ce qui est essentiel [= la langue] de ce qui est accessoire et plus ou moins accidentel [= la parole] ».

L'une des positions de Saussure, qui a suscité le plus de réserves, est celle selon laquelle « tandis que le langage est hétérogène, la langue ainsi délimitée est de nature homogène » (ce qui conduit Saussure à affirmer que « le tout global du langage est inconnaissable, parce qu'il n'est pas homogène »), et selon laquelle « la linguistique proprement dite », c'est « celle dont la langue est l'unique objet » (Saussure, 1974, p. 30-38).

On voit donc que le *Cours de linguistique générale* rejette caté-goriquement l'hétérogénéité hors de portée (et donc hors du projet) de la linguistique saussurienne, fermant ainsi la porte à un structuralisme de la diversité, de la variation, variation et diversité n'ayant de pertinence que pour la *parole*.

Parmi d'autres linguistes, R. Lafont, s'appuyant sur « les déve-loppements de la sociolinguistique » proposera « une linguisti-que de la parole productrice » (la « praxématique ») en « [reformulant] la dichotomie saussurienne entre langue et parole » car cette dichotomie « renvoie la variabilité hors des limites du système, seul descriptible, seul digne de l'attention du linguiste. Le champ du sujet parlant et de la modification perma-nente des usages est reconnu existant, mais c'est un champ hors les murs. La science [= la linguistique] fonde son objet en s'abs-trayant du réel non homogène, en effaçant l'activité multi-forme... » (Lafont, 1983, p. 11-13).

C'est également sur la base d'une révision des postulats de la lin-guistique saussurienne que Labov (avec d'autres) va définir la perspective *socio*linguistique (qui, on l'a vu, doit être pour lui tout simplement celle de la linguistique).

Citant, dans *Sociolinguistique*, une étude publiée en 1968 avec U. Weinreich, son maître, et M. Herzog, Labov s'interroge :

> S'il est nécessaire qu'une langue soit structurée pour fonctionner ef-ficacement, comment les gens peuvent-ils continuer à parler pen-dant qu'elle se transforme, c'est-à-dire pendant qu'elle traverse des périodes de moindre systématicité ? [...] Nous soutenons que la so-lution de ce problème consiste à rompre l'identification entre struc-ture et homogénéité [...]. Nous soutenons qu'une maîtrise quasi innée des structures hétérogènes n'a rien à voir avec la connaissance de plusieurs dialectes ni avec la « simple » performance [on pourrait aussi bien dire la *parole* au sens saussurien du terme], mais fait partie de la compétence linguistique de l'individu unilingue.
>
> Labov, 1976, p. 40.

Ainsi, dès lors que l'on a défait le lien supposé entre structure et homogénéité, on est libre de construire les outils formels que réclame le traitement de la variation inhérente à la communauté linguistique.

Et Labov d'ajouter qu'il n'est point besoin, pour « parvenir à des résultats fiables d'analyser statistiquement des centaines d'enregistrements » : « On s'aperçoit que, par exemple, les structures fondamentales de la stratification par classes se dégagent d'échantillons aussi restreints que vingt-cinq locuteurs » (Labov, 1976, p. 283).

Pour la sociolinguistique qui émerge aux États-Unis (1964 semble être à cet égard une date clé et Labov en est sûrement l'un des représentants de tout premier plan) et qui vise la *diversité linguistique*, la « tâche essentielle est d'effectuer une description *systématique* de la covariance entre structure linguistique et structure sociale » (Bachmann, Lindelfeld et Simonin, 1981, p. 30 ; c'est nous qui soulignons).

C'est sur ces bases théoriques que Labov va entreprendre, au début des années soixante du XXe siècle, une série d'enquêtes « en vue de trouver un système ou un ordre quelconque au sein de la variété [sociolinguistique] qui règne à New York » (Labov, 1976, p. 127). Ainsi, à partir de l'étude de plusieurs *variables* linguistiques et de la variation de la consonne [r] en particulier, qui peut être présente ou absente en position post-vocalique (exemple dans *car* = voiture), il démontre l'existence d'un rapport systématique entre cette variation et l'appartenance à telle ou telle couche de la société (moyenne et haute bourgeoisie, petite bourgeoisie, classe ouvrière, sous-prolétariat), c'est-à-dire la *stratification sociale,* aussi bien en ce qui concerne les usages linguistiques effectifs qu'en ce qui concerne l'image que s'en font les usagers concernés eux-mêmes et leur évaluation (*cf.* les chapitres 2 à 7 dans Labov (1976) ; *cf.* également Boyer (sous la dir.), 1996, p. 35-56. Il sera question de cette recherche centrale de Labov dans le chapitre 2).

2. *Synchronie* et *diachronie*

Pour Saussure, après avoir « [choisi] entre la langue et la parole » une « seconde bifurcation » s'impose, « à la croisée des routes qui conduisent, l'une à la diachronie, l'autre à la synchronie ». La *diachronie* linguistique, c'est-à-dire l'histoire, l'évolution de la langue, est du côté de la *parole* : « Tout ce qui est diachronique dans la langue ne l'est que par la *parole* » (Saussure, 1974, p. 138) car « la langue est un système dont toutes les parties peuvent et doivent être considérées dans leur solidarité synchronique », c'est-à-dire dans un seul *état de langue* : « Un état absolu se définit par l'absence de changements, et comme malgré tout la langue se transforme, si peu que ce soit, étudier un état de langue revient pratiquement à négliger les changements peu importants » (Saussure, 1974, p. 124 et 142). Cette position, qui place la *linguistique synchronique* du côté de la *linguistique de la langue* et les désigne comme perspective prioritaire pour le structuralisme naissant, ne fait pas l'unanimité, on s'en doute : car ici, si la *synchronie* (et donc *l'état de langue*) peut être une facilité méthodologique susceptible de mieux décrire le système en fonctionnement à une certaine période, elle ne saurait être un obstacle à la perception correcte de la dynamique sociolinguistique d'une langue donnée dans la durée. Car pour E. Coseriu par exemple, « la distinction entre synchronie et diachronie, en tant qu'opposition entre fonctionnement et développement historique, n'est pas simplement une question de temps. À cet égard, il faut notamment distinguer la "synchronie des structures" de la "synchronie de la langue"» (Coseriu, 1967, p. 26).

Coseriu explique ainsi la nécessité d'établir cette distinction :

> D'une part, des structures [...] peuvent se maintenir plus ou moins longuement dans le temps, ce qui signifie que leur synchronie interne dépasse leur simultanéité avec d'autres structures de la langue. Ainsi, on trouvera beaucoup de structures lexicales identiques dans la langue de Balzac et dans le français littéraire d'aujourd'hui [...].
>
> D'autre part, un état de langue historique n'est pas strictement « synchronique ». En effet, la connaissance de la langue chez les sujets parlants et, par conséquent, ses possibilités de fonctionnement dépassent l'actualité abstraite, ponctuelle, surtout dans le cas des langues à grande tradition littéraire, on est toujours au courant de formes, de constructions et d'oppositions qui « ne s'emploient pas plus » mais qui « peuvent, éventuellement s'employer » par exemple à titre d'archaïsmes intentionnels...
>
> Coseriu, 1967, p. 26-27 (*cf.* également Coseriu, 1973).

Nous pouvons illustrer ce dernier propos à l'aide de la structuration de l'emploi des temps du passé dans le discours narratif (Boyer, 1991, p. 109-142 ; *cf.* également sur cette question H. Weinrich, *Le Temps*, Paris, Le Seuil, 1973). Si aujourd'hui, non seulement dans le récit oral mais également dans le récit écrit non élaboré, la structuration qui prévaut pour *mettre du relief* dans la matière narrative est une opposition entre imparfait (pour l'arrière-plan) et passé composé ou passé simple (pour le premier plan), dans le récit écrit qui veut mettre authentiquement en scène une histoire, produire un spectacle verbal (et qu'on trouve dans les témoignages publiés dans le courrier des lecteurs de certains quotidiens ou magazines), la *mise en relief* narrative passe par un jeu plus ou moins subtil entre l'imparfait (toujours réservé à l'arrière-plan) et, à la fois, le passé simple pour certains événements (plutôt vus avec distance, objectivés) et le passé composé pour d'autres événements, dans lesquels le narrateur se sent impliqué et qui sont affectés d'une dimension subjective. Cette mise en scène fait appel à la diachronie de la structuration des temps du passé qui remonte au système des temps en français classique, dans lequel le passé simple, temps de l'événement définitivement révolu, s'opposait au passé composé, temps « en flux », utilisé pour l'événement ayant des incidences sur le présent et donc sur le moment de la narration.

S'inscrivant dans l'orientation des linguistes qui appellent à l'abolition « définitive de la distinction diachronie-synchronie », Labov (1976, p. 359), qui rend hommage à la clairvoyance en la matière du linguiste français Antoine Meillet (contemporain de Saussure et son élève), envisage le changement linguistique en l'insérant dans son contexte social, perspective qui découle des conclusions de ses enquêtes, déjà évoquées. Pour lui, comme il l'a montré par exemple dans ses analyses de l'évolution des voyelles new-yorkaises,« le changement ne se fait pas indépendamment des structures de classe. Au contraire, le nouveau modèle pénètre comme un coin, enfoncé par un certain groupe. Et il est rare qu'il se limite à une classe déterminée (à moins qu'il soit stigmatisé et en régression) » (Labov, 1976, p. 396).

On voit clairement que, dans ce cas comme dans celui de l'homogénéité de la langue, Labov refuse, en linguiste de terrain, les dichotomies saussuriennes, peut-être d'une certaine utilité méthodologique à un certain moment mais qui très vite hypothèquent une approche réaliste et fine de l'activité linguistique en société. Il rejoint en cela d'autres chercheurs nord-américains, on l'a dit, mais également bon nombre de chercheurs européens

et en particulier français qui, dès la fin des années soixante vont
remettre en question l'orthodoxie structuraliste, singulièrement
l'effacement du *sujet* (parlant/écrivant) du champ de l'analyse
linguistique et la mise entre parenthèses des relations complexes
certes mais déterminantes entre langue (langage) et société (*cf.*
par exemple Marcellesi et Gardin, 1974).

II. LE TERRITOIRE DE LA SOCIOLINGUISTIQUE EN FRANCE AUJOURD'HUI

Où en est la sociolinguistique, ici, aujourd'hui ? Pour B. Lacks,
qui s'est employé à établir il y a quelques années un état des lieux,
sur la base d'un large inventaire des équipes (auteurs et publica-
tions françaises) pour la période 1968-1983 (Lacks, 1984), on
peut inventorier treize pôles constitutifs de la sociolinguistique,
depuis le pôle « linguistique sociale » de l'école de Rouen
jusqu'au pôle « dialectologie » ou même au « pôle des
références » (il s'agit des travaux faisant référence à des auteurs
comme Foucault ou Bourdieu), en passant par le « pôle "sociolinguistique occitane" » du groupe de Montpellier constitué
autour de Robert Lafont au début des années soixante-dix.

Si l'on en croit B. Lacks, « la structure du champ [ainsi] esquissée
ne laisse pas supposer une grande homogénéité de la production
sociolinguistique. Des groupes extrêmement différents dans leur
mode de constitution, dans leurs références théoriques et dans
les objets qui sont au centre de leur problématique, s'opposent
sur la définition même de la linguistique » (Lacks, 1984, p. 111).

Même si ce diagnostic, pour la période considérée, est globale-
ment pertinent, il cède parfois à la tentation d'une comptabilité
par trop rigide, s'agissant précisément d'un territoire que nous
considérons ici comme fondamentalement transdisciplinaire.
Nous adhérons cependant pleinement à l'affirmation selon
laquelle « la sociolinguistique se construira, pour une part, en
opposant à la linguistique dominante l'exigence de la description
du *fonctionnement social du langage* » (c'est nous qui soulignons) et que c'est bien cette « attitude critique par rapport aux
approches linguistiques [issues pour l'essentiel du structuralisme
saussurien] qui unifie le domaine » (Lacks, 1984, p. 114
et 123).

1. *Macro*sociolinguistique et *micro* sociolinguistique

Au sein des sciences du langage et malgré l'équation de Labov entre linguistique et *socio*linguistique, on doit reconnaître que c'est la diversité qui prévaut, diversité des objets et des démarches, à la mesure de la perméabilité du champ disciplinaire en question aux champs disciplinaires connexes, perméabilité et donc transdisciplinarité qui ont beaucoup contribué au foisonnement des recherches et à l'émergence somme toute continue de nouvelles problématiques. Nous avons tenté de présenter (*cf.* tableau 1 ci-après) un inventaire des domaines de la sociolinguistique et d'indiquer les sciences du langage qui affichent une démarche proche mais pour lesquelles le paramètre social est secondaire, accessoire voire même absent (sémiotique, philosophie du langage, psychosociolinguistique, etc.). Nous avons mentionné (et la liste n'est pas close) les champs disciplinaires connexes avec lesquels le champ des sciences du langage est en dialogue (histoire, sociologie, psychanalyse, etc.).

En ce qui concerne l'ensemble qui nous intéresse, on ne débattra pas inutilement, ici, de la question de l'appellation « sociolinguistique » ou « sociologie du langage », en ne conservant que « sociolinguistique », car ce terme met plus nettement l'accent que son concurrent sur le fait qu'il s'agit d'une *science du langage et des langues en sociétés*. De même, dans cette *Introduction*, nous n'avons pas cru indispensable de présenter les précurseurs (lointains ou proches) de la sociolinguistique, comme Antoine Meillet (1866-1936), dont on pourra lire par ailleurs avec profit la présentation qu'en fait G. Mounin dans la *Linguistique du XXe siècle* (Paris, PUF, 1972, p. 37-47). Pas plus que des positions (parfois venues directement de disciplines connexes) souvent associées à la sociolinguistique mais dont l'incidence sur l'état actuel de la discipline est inexistante.

Tableau 1. *Les domaines de la sociolinguistique*

Pôle macrosociolinguistique

La dimension sociolinguistique/ sociolangagière est prioritaire : au niveau communautaire ou intercommunautaire

Champs disciplinaires connexes (la matière linguistique n'est pas l'objet visé principalement)	Sciences du Langage (dimension sociolinguistique accessoire ou absente)			Sciences du Langage (dimension sociolinguistique accessoire ou absente)	Champs disciplinaires connexes (la matière linguistique n'est pas l'objet visé principalement)
Ethnologie	Ethnolinguistique	Sociolinguistique appliquée à la gestion des langues-Politiques linguistiques	Analyse de la dynamique des conflits diglossiques (usages, représentations)	Dialectologie	Sociologie
Histoire	Sémiotique	Analyse de la variation sociolinguistique au sein d'une communauté linguistique ou d'un groupe	Analyse des phénomènes de créolisation et étude des créoles	Ethnographie de la communication	Psychologie
Philosophie	Pragmatique linguistique	Traitement lexicométrique des discours sociaux (politiques, syndicaux, médiatiques...)	Analyse des phénomènes liés aux contacts de langues dans les situations de migration (comportements, représentations)	Ethnométhodologie	Psychanalyse
	Psycholinguistique			Analyse conversationnelle	

Analyse sociolinguistique des interactions verbales

Pôle microsociolinguistique

La dimension sociolinguistique/ sociolangagière est prioritaire : au niveau de l'individu, du groupe ou de l'individu

La sociolinguistique s'est vue sollicitée, au-delà du strict « objet d'étude » défini par Labov comme étant « la structure et l'évolution du langage au sein du contexte social formé par la communauté linguistique » (Labov, 1976, p. 258), par des objets de nature sociolinguistique/sociolangagière qui intéressent soit la communauté linguistique dans son ensemble ou des relations intercommunautaires (on parlera alors du pôle *macro*sociolinguistique), soit les interactions à l'intérieur de groupes à l'identité bien circonscrite ou entre individus (on parlera alors du pôle *micro*sociolinguistique).

Nous proposons (et cet inventaire n'a rien de figé, ni d'indiscutable évidemment) neuf domaines dans lesquels s'illustre la sociolinguistique contemporaine.

2. Domaines de la sociolinguistique

• La sociolinguistique appliquée à la gestion des langues

Autrement dit, les traitements glottopolitiques des plurilinguismes. Il s'agit ici d'établir par exemple des typologies de politiques linguistiques en fonction d'un certain nombre de critères ou/et d'évaluer des expériences passées ou en cours de gestion institutionnelle des langues ou encore de proposer des orientations susceptibles d'être appliquées à telle ou telle situation concrète (*cf.* par exemple Calvet, 1987 ou Maurais (sous la dir.), 1987).

• Analyse de la dynamique sociolinguistique des *conflits diglossiques*

Il s'agit d'un domaine proche du précédent mais qui requiert une perspective historique et une prise en considération non seulement des usages des langues en présence dans une société mais également des représentations, des attitudes susceptibles de peser sur la dynamique de ces usages, dans le cadre de situations conflictuelles, de rapports de dominance entre les langues en présence. Ce cadre, qui est celui des *diglossies*, ou distributions inégalitaires des fonctions sociales de deux ou plusieurs langues dans une même société (*cf.* le chapitre 3 de cet ouvrage), a sollicité plusieurs courants sociolinguistiques, aux positions parfois antagonistes (*cf.* par exemple Lafont, 1997 et de nombreuses études parues dans la revue montpelliéraine *Lengas,* ou encore Ninyoles, 1969).

- **L'analyse de la *variation* sociolinguistique
  au sein d'une communauté linguistique ou d'un groupe**

Il s'agit là du domaine inauguré magistralement par Labov et qui concerne des études, le plus souvent fondées sur des enquêtes de terrain, qui prennent pour objet les fonctionnements sociolinguistiques des variantes d'une même forme, d'un même phénomène (par exemple les réalisations d'un phonème, la variation d'une structure grammaticale, etc.) (*cf.* par exemple, dans ce domaine, outre les travaux de Labov cités en bibliographie, Gadet, 1989).

- **Analyse des phénomènes de créolisation
  et étude des créoles**

Sur le terrain du métissage interlinguistique réalisé au cours des conquêtes coloniales, le sociolinguiste ne peut qu'être interpellé par la constitution d'une *communauté linguistique* et la genèse d'une nouvelle langue, celle des esclaves, à partir de l'idiome des colons. Il s'agit là d'un chapitre très abondant de la recherche sociolinguistique où des hypothèses s'affrontent encore aujourd'hui (une abondante bibliographie sur cette matière est parue en langue anglaise ; en français, on pourra lire, en particulier, Chaudenson (1992) ou encore Manessy (1995)).

- **Analyse des phénomènes liés aux contacts de langues
  dans les situations de migrations**

Les migrations internes (au sein d'un même territoire national : par exemple lors d'un exode rural) ou externes (entre deux pays) sont des situations où ne manquent pas de se produire des phénomènes sociolinguistiques originaux liés aux contacts entre deux ou plusieurs langues [la (les) langue(s) des migrants, la (les) langue(s) du pays d'accueil] dans un contexte particulier, au sein de communications soit *exolingues* (entre membres des deux groupes en présence) soit *endolingues* (entre membres du groupe des migrants). Ces conditions spécifiques du contact des langues dans la migration suscitent en effet chez les migrants (enfants comme adultes) des usages sociolinguistiques à la mesure de la modification de leur répertoire linguistique (une partie importante de la production sociolinguistique suisse est consacrée à cette problématique : *cf.* par exemple Lüdi et Py, 1986 ; *cf.* également Deprez, 1999).

Ces cinq domaines majeurs qui témoignent actuellement d'une réelle vitalité de la recherche en sociolinguistique sont abordés dans les divers chapitres de cet ouvrage. Ils nous paraissent constituer, pour une large part, le noyau central des interventions de la discipline. On peut considérer que d'autres domaines, qui à des titres divers peuvent être considérés comme relevant pleinement de la sociolinguistique, ont cependant un positionnement théorique et méthodologique plus périphérique que les précédents : on en mentionnera ici deux, parmi les plus riches en productions.

• Le traitement lexicologique/lexicométrique des discours sociaux (politiques, syndicaux, médiatiques, etc.)

Inaugurée par l'école de Rouen autour de J.-B. Marcellesi, B. Gardin et L. Guespin, l'analyse des discours politiques et syndicaux a prospéré dans une version qui fait du questionnement lexico-sémantique le principe majeur de l'analyse, laquelle repose sur le dépouillement informatisé d'un important corpus. On peut étudier sur ces bases un ensemble de textes issus de congrès syndicaux ou encore les discours tenus par la presse française autour du thème de l'immigration (*cf.* M. Tournier, « Les discours sociopolitiques et l'analyse lexicométrique », *in* H. Boyer, 1996, p. 179-213 ; S. Bonnafous, *L'Immigration prise aux mots*, Paris, Kimé, 1991 ; ainsi que la revue *Mots, Les langages du politique*, publiée à l'ENS de Fontenay-Saint-Cloud).

• L'analyse sociolinguistique des interactions verbales

Tout un courant de la réflexion et de l'observation sociolinguistiques, d'orientation nettement microlinguistique, considère par exemple que « le changement linguistique reflète des modifications fondamentales dans la structure des relations interpersonnelles, plutôt que de simples modifications dans l'environnement extralinguistique » (Gumperz, 1989, p. 55). Ainsi, à propos d'une situation qualifiée ordinairement de conflictuelle par la sociolinguistique galicienne-espagnole, X. P. Rodríguez Yáñez considère, à la suite d'une enquête en milieu urbain (et en particulier sur un marché) que « si nous voulons analyser d'un point de vue sociolinguistique la rencontre entre le monde urbain et le monde rural, la récolte d'interactions entre [ressortissants des deux mondes] semble être opérationnelle. Néanmoins [...] cette catégorisation n'implique pas que les choix de codes [galicien/castillan] des différents participants soient préétablis, ni que le développement de la négociation de ces choix soit prévisible... » (X. P. Rodríguez Yáñez, « Aléas théoriques et méthodologiques dans l'étude du bilinguisme. Le cas de la Galice », *in* H. Boyer (éd.), 1997, p. 240).

Il est évident que cette brève sélection ne tient pas lieu de panorama exhaustif de la sociolinguistique. Elle essaie de mettre en évidence les problématiques dominantes, en particulier par leur notoriété (et donc par la diffusion des recherches qui leur sont consacrées). La suite de l'ouvrage s'emploiera à en exposer la démarche et les acquis.

Chapitre 2

La « communauté linguistique » : usages et représentations de la langue dans sa diversité

La notion de « communauté linguistique » a été proposée, comme on l'a dit (chap. 1, paragr. II), par W. Labov pour désigner l'ensemble des locuteurs d'une langue partageant des évaluations (plus ou moins implicites) quant aux usages de cette langue. Pour lui, « il serait faux de concevoir la communauté linguistique comme un ensemble de locuteurs employant les mêmes formes. On la décrit mieux comme étant un groupe qui partage les mêmes normes quant à la langue » (Labov, 1976, p. 228). En fait, et il s'agit là d'un « principe fondamental », « les attitudes sociales envers la langue sont d'une extrême uniformité au sein d'une communauté linguistique » (*ibid.*, p. 338).

Cette position rejoint celle de P. Bourdieu qui parle, lui, de *marché(s) linguistique(s)* (au sein d'une société donnée), comme d'un espace de pratiques linguistiques soumises à évaluations en même temps qu'un espace de rapports de force symboliques, précisément liés à la possession ou à la carence, chez tel ou tel groupe de locuteurs, de la maîtrise des normes d'usages, légitimées par ceux qui, de par leur origine et/ou leur position sociale, imposent une domination sur le marché en question et en tirent profit (dont le profit principal peut être considéré comme le maintien et si possible l'amélioration d'une position sociale et du pouvoir qui lui est attaché).

Dans les deux approches, parfaitement complémentaires, il s'agit bien, sur la base d'un constat de *variation,* de diversification des pratiques et des formes linguistiques, de mesurer toute l'importance des attitudes, des valeurs, des images qui sont affectées (implicitement et explicitement) à ces pratiques et à ces formes, d'en décrire les fonctionnements et de mesurer leur impact pour la dynamique des situations linguistiques.

I. LA *VARIATION* COMME FONDEMENT DE L'EXERCICE COMMUNAUTAIRE D'UNE LANGUE

La variation semble bien être le trait constitutif majeur des langues historiques : la diversité est en effet inscrite dans leur usage social. Cette variation, loin d'être une dérive, un phénomène asystématique, est, pour le sociolinguiste (*cf.* chap. 1), l'objet d'une approche susceptible d'en décrire la systématicité.

D'une manière générale, on s'accorde à repérer (au moins) cinq types de variations linguistiques au sein d'une même communauté.

1. L'origine géographique

L'origine géographique (le plus souvent en relation avec l'appartenance soit au milieu urbain soit au milieu rural) est un élément de différenciation sociolinguistique important et sûrement parmi les mieux repérés, souvent matière à cliché. Ainsi, pour ce qui concerne l'aire francophone française, certains mots, certaines prononciations, certaines expressions... permettent d'associer tel locuteur à telle ou telle zone géographique (à tel ou tel mode d'habitat).

• Variation lexicale

Dans *Le français dans tous les sens*, Henriette Walter nous livre par exemple la carte de France du désignant familier d'un acte culinaire élémentaire : « remuer »/« tourner »/« touiller »/ « fatiguer »... la salade (Walter, 1998, p. 167). Et dans la France dite « méridionale », le matin on prend son « déjeuner », à midi on « dîne » et le soir on « soupe » alors qu'« au nord de la Loire », selon l'expression consacrée, les mêmes séquences alimentaires sont désignées par : « petit-déjeuner », « déjeuner », « dîner ».

Ainsi, Gérald Antoine, dans sa préface à l'ouvrage de L. Depecker, *Les Mots des régions de France*, s'amuse-t-il à interpeller le lecteur en utilisant « une suite de spécimens que recommandent leur pittoresque, leur sonorité, ou les deux à la fois » :

> Quel bonheur donc vous est promis, ami lecteur, si vous pouvez singer comme moi la lagremuse et vous laisser amiauler au chant de cette vaste mouvée de vocables. Fan de chicourle ou fan de fibourle, n'essayer point de klouker tout à la galope, jusqu'à vous entrucher le garguillot. Mastéguez plutôt posément, d'un jour sur le suivant, un mâchon de verbes, un petit goustaron de noms, arrosés d'une surrincette d'adjectifs. Pour sûr, vous perdrez granmint de miettes en chemin ; mais tant pis pour les rebratilles et les rafatailles.
>
> G. Antoine, préface à L. Depecker, *Les Mots des régions de France*, Paris, Belin, 1993, p. 6

C'est dire si, au sein même du français hexagonal, la diversification lexicale est la règle, beaucoup plus sensible évidemment à l'oral qu'à l'écrit, à la campagne qu'à la ville : bon nombre des particularismes lexicaux répertoriés appartiennent spécifiquement à la langue parlée et n'ont souvent d'existence scripturale que dans les productions dites « populaires ».

• Variation grammaticale

La morphosyntaxe présente également des différenciations selon l'espace, même si le phénomène est moins bien observable et observé que pour le lexique. Et G. Tuaillon, éminent dialectologue, soutient que « le régionalisme grammatical est vivace, parce qu'il n'est pas gratuit, il dit quelque chose que le français ordinaire ne dit pas ». Ainsi, en Lyonnais ou en Mâconnais, on s'obstine à dire : « Le beaujolais j'y aime ! » et non : « Le beaujolais, je l'aime ! » ; en utilisant « la représentation pour un pronom neutre d'un nom masculin ou féminin [qui] rappelle non seulement le concept pur et simple du substantif représenté, mais toute une aura sémantique ». « *Le beaujolais, un vin qui a ce goût, ce fruité, cette fraîcheur, etc., etc., ah oui ! j'aime ça !* » (G. Tuaillon, « Régionalismes grammaticaux », *Recherches sur le français parlé*, n° 5, 1983, université de Provence, p. 231-232). Le même auteur a par ailleurs tout à fait raison de considérer avec réserve l'usage du terme « régionalisme » et nous pouvons émettre également plus qu'une réserve à l'égard du terme « régiolecte » (pour un ensemble de traits considérés comme des régionalismes), pourtant utilisé parfois en sociolinguistique (*ibid.*, p. 228-229) car qu'est-ce que la « région » présupposée : un territoire administratif, une ancienne province, un « pays »... ?

• **Variation phonologique/phonétique**

La phonologie et la phonétique de la langue sont également soumises à la variation selon le lieu, c'est même souvent *la* variation qui permet de « localiser » un interlocuteur. H. Walter l'a bien montré, en prenant l'exemple de l'opposition traditionnelle en France, concernant la prononciation, entre ceux de nos compatriotes qui *parlent pointu* et ceux qui ont *l'accent du midi* :

> Si, dans une boutique de Nice, on entend quelqu'un demander du *lait* ou du *poulet* en prononçant un [ɛ] ouvert, on dira qu'il « parle pointu » parce que les gens de la région sont surpris d'entendre un [ɛ] ouvert là où ils prononceraient un [e] fermé, comme dans les mots *thé* ou *épée*. Si la même scène se produit dans une boutique parisienne et qu'on entende quelqu'un demander du *lait* ou du *poulet* avec un [e] fermé, on dira de celui qui vient de parler qu'il a « l'accent du Midi ». Dans les deux cas, le bon sens populaire aura su relever des différences dans le comportement linguistique des locuteurs et on voit qu'il n'est pas nécessaire d'être un spécialiste de la linguistique pour se rendre compte qu'il existe des différences entre les productions phoniques des usagers d'une même langue.
>
> H. Walter, *La Phonologie du français*, Paris, PUF, 1977, p. 7.

Un autre exemple intéressant de variation phonétique concerne les deux réalisations du phonème [r] en français : [R] articulation standard et [r] (« roulé »), articulation (en déclin semble-t-il) considérée comme liée à une appartenance au milieu rural (ou/ et une origine rurale).

On peut parler ainsi de variation *dialectale* à propos de la diversité géographique des usages d'une langue, même si la notion de « dialecte », y compris dans le discours des linguistes, n'est pas univoque, car elle peut désigner non pas l'hétérogénéité synchronique sur un espace donné d'une même langue historique, comme c'est le cas ici, mais les survivances d'un dialecte médiéval d'oïl qui a pu avoir une forte autonomie structurale, et qu'on tend du reste aujourd'hui à qualifier de « langue », comme le gallo ou le picard par exemple.

2. L'origine sociale, l'appartenance à un milieu socio-culturel

Si l'on parle de variation *dialectale*, on peut parler également de variation *sociolectale* (et donc de *sociolecte*) lorsque c'est l'origine sociale, l'appartenance à tel milieu socioculturel qui est en cause. La désignation « français populaire » est bien la reconnaissance (parfois discutable du reste) d'un usage particulier de la langue, de formes spécifiques non conformes au « bien parler ». Il en va ainsi, par exemple, dans la langue française, d'un phénomène morpho-syntaxique souvent cité : le « décumul du relatif » (*cf.* Guiraud, 1965-1973, p. 46-50 ; *cf.* également H. Frei, *La Grammaire des fautes*, Bellegarde, SAAGF, 1929).

Car le *français populaire* ne souscrit pas au système complexe du relatif en français normé, d'origine savante, qui comporte toute une série de morphèmes (dont, où, lequel, auquel, duquel...) qui ont pour caractéristique le cumul de deux fonctionnements grammaticaux : outil de subordination (introduisant une proposition relative) et pronom (donc substitut), comme dans la phrase : « Voilà la personne dont je t'ai parlé ». À cette construction, le français populaire (taxé pour cela de « fautif ») préfère une construction à deux éléments correspondant aux deux fonctionnements grammaticaux distincts : « C'est la personne que je t'ai parlé d'elle ». Si bien que le morphème « que » devient omniprésent, en français populaire, dans les phrases avec relative. On aura un même décumul avec « où » ; par exemple : « C'est une ville où il fait bon vivre » deviendra : « C'est une ville qu'il fait bon y vivre ».

3. L'âge

L'âge, c'est-à-dire l'appartenance à une certaine génération d'usagers de la langue, est également un facteur de diversification. En fait, on pourrait dire qu'au sein d'une communauté linguistique, à un moment donné de son histoire, coexistent plusieurs synchronies, dont les diverses générations sont porteuses. C'est pourquoi, si l'opposition *synchronie/diachronie* est recevable d'un point de vue de la méthodologie de l'analyse linguistique (*cf.* chap. 1), elle n'est qu'une vue de l'esprit dans la réalité du fonctionnement de la langue. Ainsi, actuellement, ce qu'on appelle « français des jeunes » ou encore « parler jeune » et de plus en plus « langue des cités » (appellation par laquelle on veut désigner sûrement une version plus marquée socialement de la langue des jeunes générations) est un bon exemple de variation générationnelle, à la pointe du français « avancé ». Cette variation a suscité beaucoup d'intérêt et même une sorte de fascination durant les quinze dernières années comme en témoignent les ouvrages, articles et dossiers qui lui ont été consacrés, en particulier par les médias (*cf.* par exemple *Langue française*, n° 114, 1997).

• L'exemple du « français des jeunes »

Si l'on peut repérer des caractéristiques phonétiques (prosodiques en particulier) et grammaticales de cette parlure argotique générationnelle, on s'est essentiellement intéressé à sa composante lexicale. On peut considérer, avec J.-P. Goudaillier (1998), qu'elle est constituée d'un ensemble de traits, qui sont autant de procédés néologiques traditionnels, mais dont l'abondance, la sélection et les domaines concernés sont tout à fait caractéristiques. Il en va ainsi, par exemple de la *troncation* (un type d'abréviation qui, à la différence de la *siglaison*, née dans l'écrit, opère dans la langue parlée). Si le français des jeunes utilise de nombreuses apocopes (« dég » pour « dégueulasse »), il affectionne tout particulièrement l'aphérèse, moins répandue dans le français courant (« leur » pour « contrôleur », « zic » pour « musique »). Il en va de même pour les procédés d'origine argotique, comme la verlanisation (parler *verlan* : parler à l'envers) devenue la pratique néologique la plus visible (et la plus emblématique) de la variété en question, dont nombre de formes sont du reste entrées dans la langue usuelle : « meuf » (pour « femme »), « keum » (pour « mec »), « reum » (pour « mère »), etc., mais dont on sait que, pour leur conserver un fonctionnement codé, connu des seuls affranchis, elles sont reverlanisées (exemple : « beur », verlan d'« arabe », devenu « reubeu » ; « meuf » devenu « feumeu » ; etc.).

On observe par ailleurs une prédilection pour certaines suffixations (d'origine argotique souvent) : en « -av(e) » (« chourave » : voler), en « -os » (« musicos » pour musiciens, ou mieux « zicos ») et des créations métaphoriques qui, pour certaines, ne manquent pas de piquant : « airbags » pour « seins », ou « cagoule » pour « préservatif »... L'emprunt est abondant dans ce français à forte vocation identitaire mais très métissé : emprunt à l'anglo-américain bien entendu, mais aussi à d'autres langues en usage plus ou moins important dans les « cités » : créole, occitan, gitan, langues africaines... , sans oublier le vieil argot français.

Une observation attentive montre d'ailleurs que ce « français des jeunes » est de plus en plus perméable aux formes en usage abondant dans les banlieues. M. Sourdot, confrontant deux enquêtes réalisées en milieu étudiant, l'une dans les années quatre-vingt, l'autre dans les années quatre-vingt-dix parvient à la conclusion que « tout se passe comme si la langue de ces jeunes [les étudiants parisiens] prenait en compte une certaine part d'angoisse quotidienne, comme si [les] néologismes à forte connotation argotique étaient le reflet de leurs difficultés sociales et d'une certaine violence » (M. Sourdot, « La dynamique du français des jeunes : sept ans de mouvement à travers deux enquêtes (1987-1994) », *Langue française*, n° 114, 1997, p. 80).

Et H. Walter souligne une sorte de nouveauté dans l'histoire de la langue :

> De tout temps, les jeunes ont eu une façon de parler un peu différente de celle de leurs aînés, mais, en prenant de l'âge, ils se conformaient plus tard à l'usage établi. Ce qui est nouveau aujourd'hui, c'est que l'adaptation se fait en sens inverse, et que la génération la plus âgée, avec plus ou moins de réticences, adopte une partie du vocabulaire des jeunes.
>
> H. Walter, *Le Français dans tous les sens*, Paris, Robert Laffont, 1988, p. 293.

4. Les circonstances de l'acte de communication

Un autre facteur, tout aussi important que les précédents, à prendre en compte dans l'analyse de la diversité des usages au sein d'une communauté linguistique, est la *situation de parole/ d'écriture*, les circonstances de l'acte de communication (écrite/ orale) : lieu, moment, objectifs communicatifs, statuts/positions des interlocuteurs... Les échanges au sein de la communauté, plus ou moins fortement ritualisés, présentent des variétés d'usages linguistiques que le français usuel appelle « registres ».

E. Coseriu parle de *différences diaphasiques,* en empruntant les exemples essentiellement au lexique (E. Coseriu, « Structure lexicale et enseignement du vocabulaire », *Les Théories linguistiques et leurs applications,* AIDELA, 1967). Ainsi « mort » et « décédé » ou « habiter » et « être domicilié » relèvent, les uns d'un « langage usuel », les autres d'un « langage administratif ». De même, si « conjoint(e) » relève d'une pratique administrative de la langue (de type *formulaire*), « femme » relève d'une langue usuelle et si « spleen » appartient plutôt à un langage poétique, « bourdon » est nettement familier. Le lexique n'est cependant pas le seul secteur de la langue concerné par ce type de variation.

Il n'est pas douteux que selon qu'on inscrive son propos dans le domaine du scriptural ou qu'on l'inscrive dans le domaine de l'oral, on n'aura pas recours exactement aux mêmes formes linguistiques. L'écrit, en effet, relève d'une manière générale du « style surveillé » (Labov, 1976) : en sont exclues certaines façons de parler, qui ne sont recevables précisément que dans la langue parlée.

Prenons l'exemple de la négation simple en français contemporain. On sait que deux variantes sont en concurrence : la structure *ne... pas* (exemple : « je ne sais pas ») et la structure ∅... *pas* (exemple : « je sais pas »).

Il est évident que, si à l'oral, la concurrence se fait en général sur une base plutôt générationnelle, et même si d'autres facteurs peuvent être en cause (F. Gadet, *Le Français ordinaire*, Paris, Armand Colin, 1989, p. 127-133), à l'écrit, le recours à *ne... pas* est fortement prévisible pour l'ensemble des usagers (scolarisés en français) et il en sera de même dans un oral très surveillé et d'origine scripturale : le cours magistral.

Autre exemple : les temps de la narration en français. E. Benveniste a bien montré que le passé simple, temps de « l'énonciation historique », était exclu du récit oral (assumé par un « je »), qui avait par contre recours au passé composé (É. Benveniste, « Les relations de temps dans le verbe français », *Problèmes de linguistique générale*, Paris, Gallimard, 1966). Tout manquement à cette distribution (PS – il - *écrit*/PC – je - *oral*), sauf peut-être pour ce qui concerne l'écrit narratif de presse qui a ses propres repères (et où PS et PC peuvent être considérés d'une manière générale comme *variantes libres*), sera sujet à interrogation quant à la visée du narrateur : comme on l'a vu plus haut (chapitre 1, paragraphe 2, p. 12-14), le souvenir de synchronies, antérieures à celle où nous sommes, peut encore jouer en faveur d'un enrichissement du récit et permettre ainsi, en employant par exemple (comme cela était possible en français classique et moderne) conjointement le PS et le PC, une mise en scène narrative complexe, susceptible de produire certains effets de sens (*cf.* par exemple H. Boyer, *L'Écrit comme enjeu*, Paris, Didier-CREDIF, 1988).

5. Le sexe

Enfin, au sein de la communauté, le sexe est une *variable* qui a focalisé l'attention d'un certain nombre de sociolinguistes, à commencer par W. Labov lui-même, comme l'a montré P. Singy dans un ouvrage collectif *Les Femmes et la langue* (sous la dir. de P. Singy, Lausanne, Delachaux et Niestlé, 1998).

• Les positions de Labov

Lors de sa célèbre enquête à New York (*cf.* chap. 1, paragr. 2), Labov a observé que les femmes, « plus sensibles [que les hom mes] aux modèles de prestige », « utilisent moins de formes linguistiques stigmatisées (considérées comme fautives), *en discours surveillé* » (Singy, 1998, présentation, p. 12, c'est nous qui soulignons). Et pourtant, les femmes sont parfois en avance d'une génération quant au changement linguistique ! Ainsi, citant un certain nombre d'enquêtes, Labov (1992) énumère des changements linguistiques en cours dont l'initiative reviendrait aux femmes :

> L'affaiblissement des affriquées en Argentine [...], la fusion des voyelles hautes devant « i » au Texas [...], l'avancement du noyau de « aw » au Canada [...], les changements en chaîne des sept voyelles brèves dans les grandes villes du Nord des États-Unis [...], la postériorisation des voyelles longues en Californie et dans l'ouest des États-Unis, le recul du « e » bref à Norwich [...], ainsi que les nombreux changements vocaliques à New York et à Philadelphie dont j'ai traité moi-même.

> Labov, 1992, p. 22.

En fait, Labov constate une sorte de paradoxe quant au comportement linguistique des femmes qui « emploient les formes les plus neuves dans leur discours familier, mais se corrigent pour passer à l'autre extrême dès qu'elles passent au discours surveillé » (Labov, 1976, p. 403).

Et compte tenu du rôle des femmes auprès des enfants, il n'est pas étonnant qu'elles exercent une domination sur les changements linguistiques, phonétiques en particulier :

> Sans exception autant que je sache, les femmes constituent la première source d'acquisition de la langue au cours des deux premières années d'un enfant, partout dans le monde. Les cas exceptionnels où les hommes assument ce rôle ne sont jusqu'à présent dominants dans aucune société. Tout changement linguistique induit par les femmes sera donc accéléré, puisque l'enfant, quel que soit son sexe, recueillera de sa mère des formes relativement avancées.
>
> *Ibid.*, p. 22.

Cependant, dans un article récent, Labov revient sur « l'interprétation du conformisme linguistique des femmes » et de leur « insécurité linguistique » (*cf.* ce même chapitre, paragr. II) :

> Il est [...] possible d'interpréter le conformisme linguistique des femmes comme étant le reflet de leur plus grande responsabilité dans l'ascension sociale de leurs enfants — ou du moins dans la préparation des ressources symboliques nécessaires à cette ascension.
>
> Labov, 1998, p. 32.

Bref, si le paradoxe est loin d'être totalement réduit, il reste que le maître n'a pas manqué d'insister sur un particularisme féminin de nature sociolinguistique, ouvrant ainsi la voie à d'autres enquêtes, à d'autres interprétations.

• Autres points de vue

Il en va ainsi de toute une série de travaux réalisés par des linguistes anglo-saxonnes (R. Lakoff, R. Fishman, D. Malz et R. Borker), depuis des « positions féministes » (Singy, 1998), qui questionnent l'analyse labovienne et avancent d'autres hypothèses concernant l'asymétrie homme/femme face à la langue. Pour R. Lakoff, par exemple, une « socialisation des rôles sexuels orientée, dès la prime enfance, de sorte à placer les femmes en situation de subordination » expliquerait une « insécurité psychologique » à la base d'un particularisme prosodique (des femmes aux États-Unis) : le recours à une intonation ascendante pour une réponse affirmative (R. Lakoff, *Langage and Woman's Place*, New York, Harper and Row, 1975, cité par Singy, 1998, p. 14).

Le débat concernant le sexe comme élément à prendre en compte dans la variation sociolinguistique (et dans le traitement de l'*insécurité linguistique* dont il sera question dans la deuxième partie du chapitre) est loin d'être clos.

D'autres observations, de natures théorique et méthodologique quelque peu différentes, ont pu faire état de certaines particularités, comme par exemple l'utilisation, plus fréquente chez les femmes que chez les hommes des diminutifs (en domaine hispanophone), ou encore, plus étonnant, comme dans telle langue amérindienne (le « chiquito » de Bolivie), l'existence de deux paradigmes lexicaux distincts chez l'homme et chez la femme pour exprimer les relations de parenté (père, mère, frère...) (C. Silva-Corvalán, *Sociolingüística. Teoría y análisis*, Madrid, Alhambra Editorial, 1989, p. 69).

La langue est donc bien un diasystème, qui manifeste un ensemble de variations dans ses usages et dont l'approche sociolinguistique permet de décrire la structuration, en relation avec les représentations partagées (normes, valeurs...) par la communauté linguistique.

II. LE « MARCHÉ LINGUISTIQUE » AU SEIN DE LA COMMUNAUTÉ ET SES *REPRÉSENTATIONS*

On se souvient (*cf.* chap. 1 paragr. II et début chap. 2) que pour Labov, « la communauté linguistique se définit moins par un accord explicite quant à l'emploi des éléments du langage, que par une participation conjointe à un ensemble de normes » (Labov, 1976, p. 187). Et qu'il considère comme « principe fondamental » le fait que « les attitudes sociales envers la langue sont d'une extrême uniformité au sein d'une communauté linguistique » (*ibid.*, p. 338) (ce qui signifie que la communauté linguistique peut très bien ne pas coïncider avec l'ensemble des usagers ayant une même langue en partage : c'est le cas, par exemple, pour la Francophonie).

Il est donc important pour le sociolinguistique de mettre en évidence ce que Labov appelle les *réactions subjectives régulières* (et inconscientes le plus souvent) aux usages de la langue, c'est-à-dire les normes en vigueur au sein de la communauté à un moment donné, les valeurs attribuées à telle ou telle variation, les images (plus ou moins stéréotypées) qu'alimente tel ou tel usage. Bref, tout un imaginaire collectif qui investit l'activité linguistique, composé de *représentations* partagées par l'ensemble des membres de la communauté ou par un (ou plusieurs) groupe(s) d'usagers. C'est cette interaction régulatrice entre pratiques, comportements et représentations à teneur normative qui fonde non seulement le *marché linguistique dominant* mais aussi les autres *marchés linguistiques périphériques* où l'on peut observer, comme sur tous les marchés, des coûts et des gains, des handicaps et des plus-values.

1. Les marchés linguistiques

Pour P. Bourdieu, les échanges linguistiques en communauté relèvent d'une économie spécifique, économie qui donne lieu à un « marché » dominant dont les « prix » sont fixés (tacitement, bien entendu) par ceux qui possèdent le « capital » culturel et linguistique requis pour imposer leur domination et en obtenir des « profits » (Bourdieu, 1982, p. 59-95). Le marché linguistique *officiel* est donc le lieu d'un rapport de forces où ceux qui détiennent la *compétence légitime*, donc reconnue, font la loi. Ce qui n'exclut pas l'existence au sein de la même communauté d'autres marchés linguistiques, en marge du marché officiel, à sa périphérie, où les « valeurs », les règles du jeu sont autres (et parfois même inversées).

Ainsi, il faut convenir qu'au sein de la communauté linguistique :

> [...] nul ne peut ignorer complètement la loi linguistique ou culturelle et toutes les fois qu'ils entrent dans un échange avec des détenteurs de la compétence légitime et surtout lorsqu'ils se trouvent placés en situation officielle, les dominés sont condamnés à une reconnaissance pratique, corporelle, des lois de formation des prix les plus défavorables à leurs productions linguistiques qui les condamne à un effort plus ou moins désespéré vers la correction ou au *silence*. Il reste qu'on peut classer les marchés auxquels ils sont affrontés selon leur degré d'autonomie, depuis les plus complètement soumis aux normes dominantes (comme ceux qui s'instaurent

dans les relations avec la justice, la médecine, ou l'école) jusqu'aux plus complètement affranchis de ces lois (comme ceux qui se constituent dans les prisons ou les bandes de jeunes). L'affirmation d'une contre-légitimité linguistique et, du même coup, la production de discours fondée sur l'ignorance plus ou moins délibérée des conventions et des convenances caractéristiques des marchés dominants ne sont plus possibles que dans les limites des *marchés francs*, régis par des lois de formation de prix qui leur sont propres, c'est-à-dire dans des espaces propres aux classes dominées, repaires ou refuges, des exclus dont les dominants sont de faits exclus, au moins symboliquement, et pour les détenteurs attitrés de la compétence sociale et linguistique qui est reconnue sur ces marchés. L'argot du « milieu » en tant que transgression réelle des principes fondamentaux de la légitimité culturelle, constitue une affirmation conséquente d'une identité sociale et culturelle non seulement différente mais opposée, et la vision du monde qui s'y exprime représente la *limite* vers laquelle tendent les membres (masculins) des classes dominées dans les échanges linguistiques *internes à la classe* et, plus spécialement, dans les plus contrôlés et soutenus de ces échanges, comme ceux du café, qui sont complètement dominés par les valeurs de force et virilité, un des seuls principes de résistance efficace, avec la politique, contre les manières dominantes de parler et d'agir.

Bourdieu, 1983, p. 102-103.

Selon P. Bourdieu, ce sont les hommes (et chez les hommes, les plus jeunes et les moins intégrés) qui refusent avec le plus de force d'adopter les façons de parler légitimes et, à l'opposé, comme du reste l'avait souligné Labov (*cf.* paragr. I), ce sont les femmes (et chez les femmes, les plus jeunes et les plus scolarisées) qui s'affirment comme les plus aptes à participer au marché dominant.

• L'exemple de la « langue des cités »

Un exemple du bien-fondé de cette analyse nous est donné avec la « langue des cités » dont il a été question précédemment (*cf.* paragr. I). On sait que ce français quelque peu malmené du point de vue des normes dominantes (qu'on peut qualifier de *parlure argotique* ou même de *vernaculaire)* a au moins trois fonctions majeures :

– une fonction *ludique* (la verlanisation relève bien d'un jeu avec les mots, de même que les redoublements de mots abrégés : « leurleur » pour « contrôleur ») ;

– une fonction *cryptique* (on crée partiellement un code auquel les adultes, ou même les autres jeunes d'autres cités n'auront pas accès), mais aussi et peut-être surtout une fonction *identitaire* : le groupe se distingue des autres groupes par son langage, il revendique ainsi une identité collective (C. Bachmann et L. Basier, « Le verlan : argot d'école ou langue des keums ? », *Mots*, n° 8, 1984) ;

– et il y a bien, dans la pratique sociolinguistique des jeunes des banlieues (telle que plusieurs enquêtes nous la décrivent), constitution de *marchés francs*. Des marchés francs qui sont, semble-t-il, autant de réponses à l'échec scolaire, à la « fracture sociale », en bref à l'exclusion et sont bien, au travers de la transgression systématique des normes linguistiques dominantes, « l'affirmation d'une contre-légitimité linguistique » dont parle Bourdieu (1983).

Cependant, « très majoritairement, les jeunes [des cités] considèrent que leur parler est avant tout une caractéristique masculine » : les filles manifestent une retenue à l'égard de certains termes du vernaculaire (B. Seux, « Une parlure argotique de collégiens », *Langue française*, n° 114, juin 1997, p. 86). Cette observation rejoint celle de V. Méla (dans « Le verlan ou le langage du miroir », *Langages*, n° 101, 1991) qui, lors de ses enquêtes, note que les filles (« beurettes » pour la plupart) sont réticentes à l'égard du verlan, qu'elles parlent pourtant avec leurs compagnons de bande, considérant qu'il s'agit avant tout d'un parler de garçons. Elles déclarent que « c'est vulgaire » et qu'elles « font mauvaise impression auprès des gens qu'[elles connaissent] pas bien » ; elles « craignent […] que la pratique du verlan n'ait des effets négatifs sur leur pratique du français » (*ibid.*, p. 91).

• **Marché officiel et marchés francs**

Ainsi, le marché linguistique n'est jamais totalement unifié, en particulier dans un pays comme la France où, pourtant, une idéologie plurimséculaire, l'*unilinguisme* (dont il sera plus largement question au paragr. 3), règne sans partage au sein de l'État-nation et sur l'emploi de son unique « langue nationale »

(Boyer, 2000). Cela n'a rien de surprenant à la vérité : l'*hétérogénéité* est constitutive de l'exercice normal et de la pérennité des langues historiques, comme W. Labov et d'autres linguistes avec lui, ont pu l'observer. C'est ce qui explique l'usage du pluriel (marchés linguistiques) : on a constaté en effet que, malgré l'existence d'un marché officiel (l'école, la justice, certains médias, etc.) largement hégémonique dans notre communauté, il existe des marchés périphériques, *francs* (comme les argots traditionnels ou la « langue des cités » dont il a été question), où l'insoumission, la transgression des normes sont la règle et où la virtuosité en la matière est même pourvoyeuse de profit (*cf.* par exemple la compétence de verlanisation chez les jeunes de banlieue ou la capacité à inventer de nouvelles procédures argotiques, par exemple le fameux « veul » qui a été présenté comme une sorte de dépassement du verlan).

Mais le comportement dissident n'est pas la réponse la plus fréquente à la domination qu'ont à subir les usagers qui ne possèdent pas (ou pas tout à fait) la compétence linguistique légitime. Il convient de rappeler en effet que ceux et celles qui, au sein de la communauté, ne possèdent pas cette compétence sont, lorsqu'ils doivent se situer sur le marché officiel, à proprement parler des handicapés : comme l'a souligné P. Bourdieu, à plusieurs reprises, « ils sont voués au silence ou au discours détraqué » (Bourdieu, 1982, p. 67). Et à l'*insécurité linguistique* définie comme un état de soumission non maîtrisée à l'usage légitime de la langue. Pour W. Labov, c'est dans la classe sociale *en transit*, pourrait-on dire, qui aspire à une ascension au sein de la communauté : la « petite bourgeoisie », qu'on trouve le plus d'insécurité linguistique. Il observe que « les fluctuations stylistiques, l'hypersensibilité à des traits stigmatisés que l'on emploie soi-même, la perception erronée de son propre discours, tous ces phénomènes sont le signe d'une profonde insécurité linguistique chez les locuteurs de la petite bourgeoisie » (Labov, 1976, p. 200).

2. *Insécurité linguistique* et *hypercorrection*

Dans son enquête en vue de « trouver un système ou un ordre quelconque au sein de la variété qui règne à New York », ville qui « constitue bien une communauté linguistique, unifiée par une

même évaluation de certains traits, mais diversifiée par une stratification croissante au niveau de la performance objective »
(Labov, 1976, p. 127 et 183), W. Labov est amené à constater :

> Les locuteurs de la petite bourgeoisie sont particulièrement enclins
> à l'insécurité linguistique, d'où il s'ensuit que, même âgés, ils adop-
> tent de préférence les formes de prestige usitées par les membres
> plus jeunes de la classe dominante. Cette insécurité linguistique se
> traduit chez eux par une très large variation stylistique ; par de pro-
> fondes fluctuations au sein d'un contexte donné ; par un effort
> conscient de correction ; enfin, par des réactions fortement négati-
> ves envers la façon de parler dont ils ont hérité.
>
> Labov, 1976, p. 183.

Cette insécurité linguistique se nourrit largement, pour ce qui
concerne la communauté linguistique des Français, d'une
conception puriste du français (*cf.* paragr. III), diffusée en particulier par l'école, à travers la chasse organisée (et pas toujours
pertinente pédagogiquement) aux « solécismes », aux « fautes »
de toutes sortes. Le purisme et l'état d'insécurité linguistique
qu'il provoque chez de nombreux usagers (en particulier ceux
qui ont eu une scolarité limitée et/ou difficile) sont à l'origine
d'un phénomène sociolinguistique appelé *hypercorrection,* soit
une « tendance à une surenchère [normative] en situation
surveillée » (Gadet, 1989, p. 25).

Dans son ouvrage *Les fautes de français existent-elles ?* (Paris, Le
Seuil, 1994), D. Leeman-Bouix dénonce la conception puriste
en question, source d'insécurité linguistique et donc
d'hypercorrection :

> D'aucuns se moquent ainsi de ces articulations emphatiques qui
> changent la physionomie du mot et déplacent l'accent de sa posi-
> tion habituelle : un « collloque » sur le « sonnnet » en
> « Holllande » avec des « colllègues »… Au nom même des néces-
> sités de la communication, elles pourraient se justifier par le désir en
> quelque sorte didactique de mieux se faire comprendre, en attirant
> l'attention de l'interlocuteur par une forme inattendue, inhabituel-
> le. De surcroît, comme la liaison, elles marquent la connaissance, de
> la part de celui qui parle, de l'orthographe, donc son appartenance
> à une culture et à une classe sociale valorisées. Pourtant, il y a mo-
> querie, donc rejet. Pourquoi ?

Parce que cette articulation est justement le signe trop ostentatoire du besoin de marquer que l'on « sait », donc le témoignage d'une insécurité qui révèle elle-même que l'on n'est qu'une pièce rapportée.

Leeman-Bouix, 1994, p. 35-36.

F. Gadet (1989), quant à elle, a décrit le même phénomène qui touche « spécialement [...] les formes de prestige » en donnant des exemples empruntés, en particulier, au domaine grammatical.

Suit la phrase : « Voilà la façon dont nous pensons que la culture doive évoluer. » Il y a là un fait patent d'hypercorrection, « une réalisation fautive due à l'application excessive d'une règle imparfaitement maîtrisée » : l'emploi ici du subjonctif (forme grammaticale de prestige s'il en est) alors que c'est tout simplement l'indicatif qui est requis...

• **Discours épilinguistiques puristes**

Un témoignage particulièrement intéressant de ce purisme et de son corollaire : l'insécurité en matière d'usage du français par les Français, nous est livré par J.-M. Eloy. Il s'agit du courrier adressé en 1992 et 1993, par certains de nos compatriotes, au ministère de la Francophonie ou au délégué général à la langue française, « pour protester contre les discours entendus ou lus, dans le but d'obtenir des mesures d'amélioration » (l'auteur ne prend pas en compte les lettres qui ne traitent que des anglicismes).

Cette chasse aux fautes de français commises par des journalistes, des animateurs de radio et de télévision, des écrivains, etc., invités des médias audiovisuels, ainsi que par des commerçants et des publicitaires, ne fait pas tellement dans le détail. Les correspondants dénoncent avec des mots très durs les manquements aux règles du bon usage : il est question de « démolition, massacre, charabia, jargon, marée noire, galimatias, bouillie pour chat, cacophonie » (J.-M. Eloy, « L'insécurité en français monolithique ou quel est le salaire de la peur ? », *Cahiers de l'institut de linguistique de Louvain*, n° 19/3-4, 1993, p. 97).

Pourtant, certains des manquements incriminés sont fort répandus ou même entrés purement et simplement dans la langue commune. Par exemple, pour le domaine grammatical : « je peux pas » (pour « je ne peux pas »), l'interrogation sans inversion du sujet, le défaut d'accord du participe, « j'arrête » (pour « je m'arrête »), « pallier à » (pour « pallier » seul)...

Il s'agit bien dans ce cas, non pas de la manifestation « d'une insécurité définie comme jugement négatif sur son propre parler, mais surtout sur celui des autres, ce qui est plutôt une caractéristique du purisme ». C'est toute une conception de la langue identifiée à une seule norme acceptable qui se manifeste dans ces propos *épilinguistiques* (= à propos de la langue) vindicatifs (car réclamant une riposte de l'Autorité compétente) « et cette conception porte en elle-même une idée d'insécurité : représentée stable, invariante, finie, [la langue] est par définition inaccessible dans sa complétude » (Eloy, 1993, p. 104-105).

3. Les *représentations* sociolinguistiques

Il a été question précédemment de *normes,* de *purisme,* d'*insécurité linguistique,* d'*hypercorrection* : autant de notions dont la sociolinguistique se sert pour désigner certains types de fonctionnements, de phénomènes, de visions, relatifs à la langue ou/ et à l'activité de langage. Ils ne désignent pas cependant des niveaux identiques de l'analyse sociolinguistique. Ainsi, on observe que l'*hypercorrection* est une réalisation linguistique « fautive » mais dont le caractère fautif ne tient pas tant à l'ignorance de la règle qu'à un excès de zèle, si l'on peut dire : on en fait un peu trop, dans certains cas où l'on se sent plus ou moins « contrôlé », pour montrer qu'on connaît la forme grammaticale ou le mot ou la prononciation qui convient, alors qu'en fait on ne maîtrise pas suffisamment la règle qu'on devrait appliquer spontanément. Il en va ainsi quand tel individu répond : « J'en suis bien *t'*aise », induit en erreur par l'énoncé valorisé : « J'en suis *fort* aise » qu'il ne réalise pourtant pas mais dont il reproduit un élément, élément dont on sait qu'il est une marque de distinction : la liaison.

L'hypercorrection est donc bien en fait la manifestation tangible et le symptôme évident d'un *état d'insécurité linguistique* (certains parlent d'*attitude,* voire de *sentiment*) dont on a vu qu'il habitait les usagers de la communauté linguistique en situation de handicap socioculturel, possédant un capital langagier déficient (ici, pour des raisons autres que pathologiques, évidemment) mais cependant plus ou moins obsédés par l'usage légitime de la langue et l'utilisation de ses formes de prestige (par exemple, comme on l'a vu, le subjonctif). Cette tension entre compétence réelle et idéal de réalisation est le propre d'un état d'insécurité linguistique qui se traduit (et se trahit) à travers des faits d'hypercorrection.

Il convient alors de repérer l'origine de cette tension : du moins pour ce qui concerne la communauté linguistique de France, le *purisme* n'est autre qu'une certaine *représentation* conservatrice de l'usage de la langue, représentation tout entière investie par le caractère exclusif de *la* norme, celle qui fonde le bon usage, le seul légitime. Norme qu'on qualifiera de « puriste », car à travers elle, toute « différence [perçue comme "fautive"] est considérée comme une menace, sa généralisation comme un facteur de désintégration » (Leeman, 1994, p. 35) d'un patrimoine en danger qu'il convient de maintenir dans sa pureté originelle.

Évidemment, il n'est pas question ici de conception labovienne de « partage de normes » au sein d'une même communauté linguistique mais bien de « normes *prescriptives* » qui consacrent une « langue idéale », totalement fantasmée (Houdebine, 1993, p. 32).

• *Représentation* et *idéologie* sociolinguistiques

La notion de *représentation* (sociale) est utilisée en psychologie sociale pour désigner un fonctionnement socio-cognitif collectif, considéré comme une « forme de connaissance, socialement élaborée et partagée, ayant une visée pratique », car « [servant] à agir sur le monde et les autres » (D. Jodelet, « Représentations sociales : un domaine en expansion », *in* D. Jodelet (sous la dir.), *Les Représentations sociales*, Paris, PUF, 1989, p. 36 et 43-45). C'est pourquoi le contenu de la représentation sociale/collective est simplificateur, schématique : il doit être partagé, donc accessible au plus grand nombre et pouvoir être efficace dans la perception de la réalité.

Les *représentations sociolinguistiques* sont pour nous une catégorie de représentations sociales/collectives, donc partagées. Comme les autres catégories de représentions sociales/collectives, ce sont des « systèmes d'interprétation régissant notre relation au monde et aux autres » (*ibid.*, p. 36), donc à la langue, à ses usages et aux usagers de la communauté linguistique.

P. Bourdieu, considérant qu'il faut « inclure dans le réel la représentation du réel, ou plus exactement la lutte des représentations, au sens d'images mentales, mais aussi de manifestations sociales destinées à manipuler les images mentales », a contribué à privilégier un traitement dynamique des *représentations* ; des représentations sociolinguistiques tout particulièrement (Bourdieu, 1982, p. 136). Pour lui « la langue, le dialecte ou l'accent », réalités linguistiques, « sont l'objet de *représentations mentales*, c'est-à-dire d'actes de perception et d'appréciation, de connaissance et de reconnaissance, où les agents montrent leurs intérêts et leurs présupposés » (*ibid.*, p. 135). En fait, toute représentation implique une évaluation, donc un contenu normatif qui oriente la représentation soit dans le sens d'une valorisation, soit dans le sens d'une stigmatisation, c'est-à-dire d'une appréciation négative, d'un rejet et, s'agissant d'un individu ou d'un groupe, en fin de compte d'une discrimination.

Le *stéréotype* est une représentation d'un genre particulier, issu d'une accentuation du processus de simplification, de schématisation et donc de réduction propre à toute représentation collective, conduisant au figement. Le stéréotype n'évolue plus, il est immuable, d'une grande pauvreté. Mais pourtant, « on considère [...] qu'il est le produit d'un fonctionnement cognitif normal résultant d'une catégorisation [...] sans laquelle l'environnement ne peut être traité, compte tenu de sa complexité » (M. Arnault de la Ménardière et G. de Montmollier, « La représentation comme structure cognitive en psychologie sociale », *Psychologie française*, t. 30-3/4, 1985, p. 245).

D'un point de vue sociolinguistique, pour W. Labov, les « "stéréotypes", à côté des "indicateurs" et des "marqueurs" », sont « des formes socialement marquées, notoirement étiquetées » (Labov, 1976, p. 419). Considérant le « stéréotypage » comme une « stigmatisation sociale des formes linguistiques », il observe, après avoir donné quelques exemples, comme le « bostonien » ou le « parigot » (façons de parler stéréotypées donc), « combien variés sont les rapports de stéréotypes à la réalité et combien changeantes apparaissent les valeurs sociales [positives ou négatives] qui leur sont attachées » (Labov,

1976, p. 421-422). En français, il n'est pas difficile de repérer de nombreux stéréotypes sociolinguistiques plus présents que le « parigot » sur le marché linguistique actuel, comme par exemple le célèbre « r » (« roulé ») *paysan* ou/et *gendarme,* ou encore « l'accent marseillais » dont il a été question en début de chapitre, particulièrement prisé par la publicité télévisée.

L'*idéologie* peut être considérée, selon nous, comme un corps de représentations (en nombre limité), organisé et mobilisé à des fins plus ou moins ouvertement politiques (au sens large du terme) et/ou de contrôle, de manipulation des esprits (Boyer, 2000) (pour une réflexion sur l'articulation entre *opinion, attitude, représentation* et *idéologie, cf.* en particulier Rouquette et Rateau, 1998, p. 21-25).

• L'*unilinguisme* comme idéologie sociolinguistique

Aussi peut-on considérer que l'*idéologie sociolinguistique* que nous avons appelée « unilinguisme » (Boyer, 2000), idéologie sociolinguistique dont la communauté linguistique française n'a sûrement pas l'exclusivité mais dont elle offre une version exemplaire, est constituée d'au moins trois représentations de base (dispositif minimal auquel peuvent être associées éventuellement d'autres représentations) parfaitement solidaires, c'est à dire œuvrant conjointement au sein de la construction idéologique. Ces trois représentations peuvent être ainsi définies :

> – une représentation hiérarchique des langues historiques, selon laquelle seules certaines langues (le français en tout premier lieu) seraient dotées d'un « génie » et auraient plus que d'autres le droit d'être utilisées sans limitation d'espace ni de domaine et auraient donc vocation à « l'universalité ». Bien entendu, selon cette représentation, *langue* s'oppose à *dialecte,* la plus basse des « conditions » (linguistiques) étant en France le *patois,* (c'est-à-dire en fait une non-langue) ;

> – une représentation politico-administrative de la *langue,* qui, pour ce qui concerne le français, confond langue « nationale » et langue « officielle », ne tolère qu'un autre statut (d'une classe politico-administrative inférieure), celui de langue « régionale » (voire « locale ») et qui a obtenu récemment une légitimation constitutionnelle avec le fameux énoncé introduit dans notre Constitution à l'occasion de la révision de 1992 : « *La langue* de la République est le français » (c'est nous qui soulignons) ;

– une représentation élitiste (et fantasmée) de *la langue* : LE français, qui considère que l'état de perfection (et de beauté) qu'aurait atteint cette même langue ne cesserait de se dégrader. D'où l'obsession puriste d'un « bon usage » (de nature profondément scripturale) qui vise à exclure la variation/l'hétérogénéité (pourtant inhérentes à une activité linguistique collective normale) sous diverses désignations stigmatisantes : « charabia », « petit nègre »... ou à les juguler par rejet à la périphérie à l'aide d'une opération de repérage-codification. *La* langue est ainsi posée comme idéalement immuable, inaltérable, indépendante pour ainsi dire de la communauté d'usagers, et dont l'intégrité est sans cesse menacée *de l'intérieur* par ces usagers (certains ? la plupart ? de plus en plus ? les jeunes surtout ?) et aussi *de l'extérieur* (par les emprunts, par exemple : dans la dernière période, les emprunts à l'anglo-américain)

> H. Boyer, « Ni concurrence, ni déviance : l'*unilinguisme* français dans ses œuvres », *Lengas*, n° 48, 2000, p. 96.

Cette idéologie, pluriséculaire (on peut en faire remonter l'origine à la période fondatrice de la langue française comme langue de plein exercice social : XVIe-XVIIe siècles ; *cf.* D. Trudeau, *Les Inventeurs du bon usage*, Paris, Éd. de Minuit, 1992), a pesé et pèse toujours sur les comportements, les pratiques linguistiques des usagers « nationaux » du français, scolarisés par l'École de la République, dans le sens d'un double interdit :

– pas de concurrence avec d'autres langues que la seule « langue nationale » (d'où la liquidation avancée de l'héritage plurilingue : il ne reste que des « langues régionales » en piteux état) ;
– pas de déviance : la seule norme légitime est le bon usage, un idéal de langue, on l'a vu, complètement fantasmé et à l'origine d'une forte insécurité linguistique chez les usagers et d'un phénomène de stigmatisation négative de certaines formes et de certaines « façons de parler ».

Si la « langue des cités » peut être considérée comme un phénomène de « révolte contre la stigmatisation » (P. Bourdieu, « L'identité et la représentation », *Actes de la Recherche en sciences sociales* n° 35, 1980, p. 69) et donc par rapport à l'idéologie dont il est question ici, contre le culte d'une langue parfaite à laquelle n'ont accès que quelques élus, on voit bien, au travers de l'abondant discours qu'elle a suscité, qu'elle est loin de laisser indifférente la communauté linguistique et singulièrement son marché officiel : la publication de nombreuses études et de « lexiques » à l'usage des dominants est sûrement une parade qui, si elle ne réduit pas le phénomène de déviation/dissidence en question, tente de s'en accommoder en le domestiquant (ne serait-ce que par son entrée dans l'écrit) (Boyer, 2000).

Le sociolinguiste observe et analyse donc les variations de la langue, ses divers usages au sein de la communauté linguistique en fonction de variables sociales, sans jamais se dissimuler que ces variations, ces usages sont plus ou moins clairement perçus, étiquetés, évalués par les membres de cette communauté. Et la dynamique d'une situation linguistique donnée ne peut être appréciée qu'au prix d'un repérage attentif des pratiques et des représentations sociolinguistiques.

Chapitre 3

L'analyse
de la pluralité linguistique

Dans la littérature sociolinguistique, on tend parfois à opposer d'une part *bilinguisme* et *diglossie*, d'autre part *contact* et *conflit* lorsqu'il s'agit de rendre compte de la présence de deux (ou plusieurs) langues au sein d'une même société. Le choix de l'un des concepts à l'intérieur de chaque paire relève en partie d'un certain choix théorique (même si certains chercheurs ont tenté d'intégrer par exemple *bilinguisme* et *diglossie* dans un même modèle) : c'est d'un panorama (sélectif, bien entendu) des théorisations en vigueur, concurrentes donc, dont il va être question ici.

Car les modèles de traitement du bi- ou plurilinguisme, même s'il s'agit de *constructions* (théoriques et méthodologiques), sont élaborés à partir de configurations linguistiques concrètes, vécues par des individus, par des groupes d'individus. Ces configurations sont très diverses selon l'histoire propre à chaque espace communautaire et aux relations intercommunautaires au sein des sociétés. On y observe divers phénomènes plus ou moins complexes et spécifiques qui contribuent à leur évolution, depuis l'apparition de formes sociolinguistiques nouvelles jusqu'à l'extinction d'une des langues en présence.

I. *BILINGUISME/DIGLOSSIE* : QUEL(S) MODÈLE(S) DE TRAITEMENT DES PLURILINGUISMES ?

Le terme de *diglossie* n'est pas le simple équivalent d'origine grecque du terme *bilinguisme*, d'origine latine. Il a été forgé pour nommer une situation sociolinguistique où deux langues sont bien parlées, mais chacune selon des modalités très particulières. C'est sur la nature de ces modalités, leur acceptation et leur permanence que les avis divergent : où certains ne reconnaissent qu'un simple partage des statuts et des usages parfaitement codifié, d'autres dénoncent un leurre : celui de la préséance d'une langue sur une autre qui, dans la plupart des situations concernées, ne manque pas d'être conflictuelle.

1. La diglossie selon Psichari

Le terme de *diglossie* apparaît pour la première fois dans le champ des études linguistiques en France, sous la plume d'un helléniste français d'origine grecque, Jean Psichari (1854-1929), dès la fin du XIXe siècle (Jardel, 1982). Néanmoins ce n'est que dans un article écrit peu de temps avant sa mort dans *Le Mercure de France*, « Un pays qui ne veut pas sa langue » (1928), que Psichari définira ce qu'il entend par *diglossie* : le fait pour la Grèce de vivre une concurrence sociolinguistique (néfaste pour le pays et sa modernité culturelle) entre deux variétés de grec : le *katharevoussa*, variété savante imposée par les puristes comme seule langue écrite et le *demotiki*, variété usuelle utilisée par la majorité des Grecs. Sur la base de la situation sociolinguistique vécue en Grèce, Psichari définit ainsi la *diglossie* comme une configuration linguistique dans laquelle deux variétés d'une même langue sont en usage, mais un usage décalé parce que l'une des variétés est valorisée par rapport à l'autre. Psichari fait œuvre de sociolinguistique car « il introduit dans la signification du concept, à côté de faits purement linguistiques, l'aspect idéologique et conflictuel qui s'attache au phénomène. Il montre clairement en effet que le problème de la diglossie [...] est lié à une situation de domination [...] d'une variété sur une autre, créée par la pression d'un groupe de locuteurs numériquement minoritaires mais politiquement et culturellement en position de force » (Jardel, 1982, p. 9).

Il y a là une dimension polémique dans l'émergence du concept de *diglossie* qui ne manquera pas de resurgir quelques décennies plus tard, en Europe également.

2. La diglossie selon la sociolinguistique nord-américaine : Ferguson

Le concept de diglossie va réapparaître aux États-Unis en 1959 dans un article célèbre de Ch. A. Ferguson, « Diglossia » (1959, p. 325-340), où l'auteur, tout en reconnaissant qu'il emprunte le terme, va lui donner une teneur conceptuelle sensiblement différente de celle de Psichari.

À partir d'un certain nombre de situations sociolinguistiques (comme celles des pays arabes, de la Suisse alémanique, de Haïti ou de la Grèce...), Ferguson va considérer qu'il y a *diglossie* lorsque deux variétés de la même langue sont en usage dans une société avec des fonctions socioculturelles certes différentes mais parfaitement complémentaires. L'une de ces variétés est considérée « haute » (*high*) donc valorisée, investie de prestige par la communauté : elle est essentiellement utilisée à l'écrit (dans la littérature en particulier) ou dans des situations d'oralité formelle, et elle est enseignée. L'autre, considérée comme « basse » (*low*), est celle des communications ordinaires, de la vie quotidienne, et réservée à l'oral. Cette distribution sociolinguistique des usages des deux variétés est, dans le modèle de Ferguson, stable et parfaitement acceptée par la communauté.

3. La *diglossie* selon la sociolinguistique nord-américaine : Fishman

J. Fishman propose, à la suite de Ferguson, une extension du modèle diglossique à des situations sociolinguistiques où deux langues (et non plus seulement deux variétés de la même langue) sont en distribution fonctionnelle complémentaire (une langue distinguée, si l'on peut dire, et une langue commune) : il en allait ainsi de la situation du Paraguay d'avant 1992, avec la coexistence (inégalitaire) de l'espagnol et du guarani (cette situation est en train de changer depuis la mise en place d'une politique linguistique nouvelle en 1992). Son modèle articule *diglossie* (comme fait social) et *bilinguisme* (fait individuel) selon les quatre cas de figures suivants (Fishman, 1971) :

– il peut y avoir *diglossie* et *bilinguisme* : les usages des deux langues selon leur distribution fonctionnelle sont, dans ce cas de figure, partagés par la totalité (ou presque) de la population. Ce serait le cas de la Suisse alémanique où le standard allemand (langue de l'écrit et de l'école) et le(s) dialecte(s) suisse(s) alémanique(s) (*schwyzertütsch* : essentiellement pour tous les échanges ordinaires) se partagent le champ de la communication sociale;

– il peut y avoir *bilinguisme* sans *diglossie* : ce serait le cas dans les situations de migration (comme aux États-Unis). Les migrants vivent un état de transition : ils doivent s'intégrer dans la communauté d'accueil avec la langue d'accueil même s'ils conservent (pour une génération ?) la connaissance et une certaine pratique de la langue d'origine. Pour Lüdi et Py, cependant les choses sont un peu plus complexes:

> [Si] le bilinguisme des migrants est d'une manière générale une affaire langagière, il est clair qu'il ne s'agit pas d'une sorte de maladie passagère, mais d'une situation dans laquelle ils auront à vivre pendant des décennies. Pour peu que la migration concerne tout le groupe, ils devront l'assumer non comme un phénomène individuel, mais comme un phénomène social. De fait les contacts linguistiques résultant d'une migration peuvent prendre toutes sortes de formes qui comportent un large spectre de tous les phénomènes reliés au bilinguisme et à la diglossie.
>
> Lüdi et Py, 1986, p. 25-26.

– il peut y avoir *diglossie* sans *bilinguisme* : c'est un cas de figure qu'on rencontrerait dans les pays en développement comme les pays africains où les populations rurales sont essentiellement monolingues, même si sur le plan macrosociétal, il y a *diglossie* (avec l'une des langues de la colonisation comme langue officielle, le plus souvent) ;

– ni *diglossie,* ni *bilinguisme* : le dernier cas de figure envisagé par Fishman est plutôt théorique. Il ne pourrait concerner que de petites communautés linguistiques, restées isolées ; car d'une manière générale, dans la réalité, toute communauté tend à diversifier ses usages.

4. La sociolinguistique suisse : « une autre conception de la *diglossie* »

À partir de l'étude des phénomènes sociolinguistiques liés au plurilinguisme en Suisse et aux migrations dans ce pays (migration externe et migration interne) et de critiques faites au modèle fergusonien, à une « conception de la diglossie [...] trop restrictive », une autre manière de traiter les situations concernées a été proposée, en premier lieu par G. Lüdi et B. Py (et développée par un certain nombre de leurs collaborateurs comme M. Matthey et J.-F. de Pietro). Outre l'objection concernant le prestige respectif des variétés en présence dans une configuration diglossique, objection faite à partir de la situation de la Suisse alémanique (déjà évoquée) dans laquelle « il n'y a aucune différence de prestige entre les deux variétés concernées : toutes les couches sociales emploient sans exception, le dialecte dans leur vie familiale et professionnelle [...] : *on ne choisit jamais le schriftdeutsch* [allemand écrit] pour des raisons de prestige social » (Lüdi, 1997, p. 89).

C'est sûrement à propos du *choix de langue* dans le contact interlinguistique que la position interactionniste des sociolinguistes suisses est la plus originale :

> La diglossie ne présuppose ni un bilinguisme individuel généralisé [...], ni un bilinguisme symétrique et [...] toutes les tentatives d'élaboration de modèles mécanistes de la complémentarité fonctionnelle des variétés impliquées dans une situation diglossique, qui rendraient le choix de langue entièrement prédictible en fonction d'un ensemble de facteurs déterminants, ont échoué. [...] La « situation » ne précède pas l'interaction, n'est pas simplement « donnée » pour les interlocuteurs, mais résulte d'un travail interactif d'interprétation et de définition. Certes, il y a des situations où la marge de liberté des interlocuteurs est très limitée et où le déterminisme règne. D'autres situations, par contre, se caractérisent par plus de variation, d'hésitation, de redéfinition du choix de langue, de liberté.

> Lüdi, 1997, p. 89-90.

Du reste, pour G. Lüdi, « ces phénomènes sont étroitement liés à l'élaboration et aux modifications de l'identité sociale » (*ibid.*, p. 90). Tout en reconnaissant « la lutte des variétés pour le pouvoir », il affirme cependant qu'« il est [...] important de renoncer à réduire la diglossie à sa dimension conflictuelle » et exprime la conviction qu'une diglossie « consensuelle » est possible en se posant, en particulier, « la question de savoir quelles mesures peuvent être prises pour gérer des répertoires plurilingues, sociaux aussi bien qu'individuels, au profit de tous les intéressés » (*ibid.*, p. 92).

C'est sur cette question de la nature conflictuelle (ou non) de toute situation diglossique que la position de la sociolinguistique suisse diverge d'avec les positions de la sociolinguistique dite *périphérique* ou *des chercheurs natifs*, travaillant en domaines catalan et occitan (et dont il va être question ci-dessous). Car, pour les sociolinguistes suisses qui « [envisagent] la coexistence des langues au sein d'échanges conversationnels, le conflit est un phénomène interactif parmi d'autres, de nature diverse, qui nous intéresse dans la mesure où il trouve une expression langagière dans la communication ; autrement dit, le phénomène met en jeu les langues en contact et il influence ces contacts, voire le statut des langues elles-mêmes, mais il est d'abord un phénomène concernant des acteurs sociaux et non des langues en tant que telles » (Matthey et De Pietro, 1997, p. 172).

À la différence de cette perspective (délibérément microsociolinguistique), celle du modèle, dont il va être à présent question (modèle appelé parfois *diglossique* ou *conflictuel*, par opposition au modèle souvent appelé *bilinguiste* ou *consensuel*), fait du *conflit* le moteur de la situation diglossique et de la dynamique qu'elle engendre.

5. La *diglossie* comme *conflit*

Ce titre est celui d'un article souvent cité de Ph. Gardy et R. Lafont dans lequel les deux auteurs (membres de l'équipe montpelliéraine de recherche sociolinguistique qui publie la revue *Lengas*) analysent la situation de l'occitan face au français. Le modèle théorique utilisé dans cette étude est celui d'une sociolinguistique née dans les années soixante, en domaine catalan, plus précisément dans la partie sud du domaine : le pays valencien, région où l'on observe un partage à la fois géopolitique et sociolinguistique du catalan et du castillan (autrement nommé : espagnol). Les initiateurs de ce modèle sont Ll. V. Aracil et R. Ll. Ninyoles (Boyer, 1991). Il a été ensuite pris en charge scientifiquement et institutionnellement par le *Grup Català de Sociolingüística* (1974) dont les maîtres à penser sont entre autres, outre les chercheurs déjà cités, A. Badia i Margarit et F. Vallverdú. On n'a pas affaire ici à une école aux positions unanimistes : les positions exprimées ont été parfois contrastées et ont donné lieu à diverses polémiques théoriques. Cependant, pour l'ensemble des sociolinguistes du domaine, l'école catalane de sociolinguistique a été perçue (jusqu'à une époque récente) comme un tout et elle a su rayonner et établir une communauté de vues avec d'autres chercheurs *périphériques* (*périphériques* par rapport aux *centres* des États concernés : l'Espagne et la France) : les chercheurs du domaine occitan, et singulièrement l'équipe réunie à Montpellier autour de R. Lafont qui poursuivait alors l'analyse de la situation de l'occitan et un face-à-face avec le français. Et l'on peut considérer que le corps de doctrine issu de cette rencontre est aujourd'hui perçu comme un même ensemble théorique, pour ce qui concerne en particulier le traitement du *contact* de langues au sein du même espace sociétal en termes de *conflit*, de la *diglossie* non comme distribution équilibrée et stable des fonctions de deux langues (ou de deux variétés) mais comme la domination d'une langue (langue *dominante* : le français, l'espagnol) sur une autre (langue *dominée* : le catalan, l'occitan). Car la *compétition* dont parlait A. Martinet (1969), dans les cas de la coexistence de deux ou plusieurs langues en un même lieu, ne saurait être exempte de violence (violence qui est le fait du groupe dominant) qui a inéluctablement une orientation glottophagique (Calvet) : une langue en position de force, pour diverses raisons de nature politique, démographique, économique, militaire, etc., va faire disparaître une langue en position de faiblesse, essentiellement pour les mêmes raisons.

Le modèle *conflictuel* opte pour une approche diachronique (à la différence du modèle nord-américain fondamentalement synchronique) et macrosociolinguistique (à la différence du modèle suisse) du phénomène de *diglossie* : le *conflit* est envisagé dans la durée et dans sa globalité, car on ne peut en percevoir la dynamique « linguicide » que sur plusieurs décennies, voire sur plusieurs siècles, de même que les déséquilibres et inégalités sociolinguistiques sont envisagés du point de vue de la société dans son ensemble, des groupes ou même des communautés qui s'y affrontent pour la reconnaissance et/ou la défense de leur identité et, au-delà, plus généralement et prosaïquement, pour la

conquête ou le maintien d'un pouvoir (politique, économique...).

Un autre aspect novateur que présente le modèle catalano-occi-
tan (et qu'il partage avec le modèle suisse) est le fait de considérer que les usages et les pratiques sont habités par des représentations sociolinguistes, des images (souvent stéréotypées), des
attitudes et qu'ils reposent sur des *valeurs* (en vigueur sur *le marché* des langues en présence) (*cf.* chap. 2) qui ensemble pèsent
sur la dynamique du conflit, et le plus souvent en faveur de la langue dominante. Car c'est la langue dominée qui est perçue par
l'imaginaire collectif (y compris celui des usagers de cette même
langue) comme la moins valorisée, souvent même comme stig-
matisée (c'est-à-dire porteuse de signes d'identifications négatifs), même s'il peut apparaître, ici ou là, la manifestation d'une
attitude de *loyauté* qui va contribuer à promouvoir une entreprise de résistance. Cependant cette entreprise de résistance n'a
d'efficacité que si elle est partagée par la communauté dominée.

Plus généralement, ce sont des *représentations* contraires à la langue dominée et donc favorables à la situation de domination qui
vont œuvrer, plus ou moins souterrainement, imprégner les
esprits et inspirer les discours sociaux, et qui le plus souvent for-
ment un ensemble *idéologique*. Cette *idéologisation* de la *diglossie*
est dénoncée par les sociolinguistes *natifs* comme pernicieuse car
orientée vers la domination sans partage de la langue H (haute,
parfois appelée A) jusqu'à l'avènement d'un monolinguisme
auprès duquel ne survivront plus que des « lambeaux » de langue L (basse ou encore B) (Gardy, 1985).

Ainsi U. V. Aracil a bien montré que dans les conditions qui
étaient celles de la domination du castillan sur le catalan à Valencia, le bilinguisme sociétal fonctionnait comme « mythe » et le
discours bilinguiste comme leurre : en glorifiant une dualité linguistique, il contribuait à perpétuer et accroître la domination
jusqu'à l'éviction d'un des deux pôles de ce bilinguisme-là.

R. Lafont, quant à lui, a bien montré comment l'*auto-dénigrement* des dominés, se croyant porteurs d'une sous-langue – un
patois – finissait, en installant en eux une *culpabilité* durable, par
arrêter la transmission naturelle (familiale) de la langue ainsi stig-
matisée et donc à accepter un monolinguisme en faveur de la

langue dominante. Un autre trait dangereux de cette *idéologisation de la diglossie* est qu'elle s'appuie solidairement sur des préjugés, des stéréotypes contraires à la langue dominée (langue du passé, langue de la ruralité, de l'inculture...) et sur une *idéalisation* de cette même langue (langue du cœur, des racines, d'un passé prestigieux — mais définitivement révolu –, du naturel, de l'authenticité...). Ce paradoxe évaluatif est encore une fois porteur de leurre : car la langue dominée est d'autant plus sublimée qu'elle ne sert plus à dire la modernité et qu'elle est condamnée à la folklorisation. Par ailleurs, parfois les militants qui œuvrent en faveur de la langue dominée, s'adonnent eux-mêmes à une idéalisation/sublimation compensatoire, ce qui n'est pas la manière la plus libératrice de penser le conflit diglossique...

L'originalité de la sociolinguistique catalano-occitane est de considérer la *diglossie*, à la suite d'Aracil et de Ninyolas, comme un conflit, mais un conflit évolutif gros d'un *dilemme* (dilemme occulté par les représentations dont il a été question). Ainsi, ou bien après plusieurs phrases de *minoration* (et donc de marginalisation), la langue dominée va définitivement s'effacer devant la langue dominante et l'issue du conflit est donc purement et simplement la *substitution* linguistique (la langue A va se substituer dans tous les acteurs de la communication sociale à la langue B), ou bien la résistance en faveur de la langue dominée va imposer un redressement de la situation et va progressivement normaliser ses usages (après avoir établi un standard accepté par les usagers), c'est-à-dire va reconquérir toutes les prérogatives et donc toutes les fonctions orales d'une langue de plein exercice, et va être ainsi employée dans toutes les circonstances de la vie en société. C'est ce qui s'est passé (par exemple) avec le français au Québec ou avec le catalan en Espagne (il en sera question plus précisément dans le chapitre 4). Il faut cependant observer que ces retournements de *diglossie* ont sûrement été possibles grâce non seulement à la *loyauté* des usagers des langues respectives mais aussi à une forte détermination institutionnelle, celle d'un pouvoir périphérique important (provincial ou régional), détermination qui s'est affirmée au travers de lois, de décrets et de mise en place d'instances de gestion de la *normalisation* (appelée au Québec, comme on le verra, *aménagement*).

On voit donc que le modèle proposé par les sociolinguistes périphériques se distingue non seulement par divers attendus théoriques mais également (et à cet égard on peut parler d'une certaine communauté de vues avec la sociolinguistique suisse) par une forte dimension *pratique* (d'aucuns diraient, pour la critiquer, « militante »), par une implication des chercheurs dont la tâche n'est pas seulement d'observer et d'analyser mais aussi de dénoncer une situation critique et les représentations qui l'alimentent, en prenant toute leur part à l'entreprise collective de récupération d'usages et des fonctions de la langue jusque-là minorée.

6. Le rôle des *représentations* dans la dynamique d'un conflit diglossique : le cas du désignant « patois » en France

Dans un texte souvent cité de la sociolinguistique périphérique, Ph. Gardy et R. Lafont analysent ainsi l'emploi du terme « patois » et les « types de manipulations » qu'il « recouvre » :

> Il sanctionne la situation de non-pouvoir dans laquelle se trouve une langue dominée (puisqu'il signale implicitement que la langue dominée ainsi désignée n'existe pas en tant que langue, socialement reconnue comme pouvant remplir toutes les fonctions dévolues à la langue dominante) ; cette dépossession s'accompagne d'une extrême différenciation territoriale, de telle sorte que la langue dominée, pour ainsi dire dévertébrée, n'a plus de position géographique, mais une simple position socioculturelle : elle est un vernaculaire réservé à certaines situations, en un lieu donné généralement très réduit, en marge de la langue dominante, qui l'englobe et la dépasse de tous côtés.
>
> Gardy et Lafont, 1981, p. 83-84.

Nous allons essentiellement nous livrer ici à l'observation (limitée forcément) de l'émergence et de la promotion de ce désignant investi d'idéologie unilinguiste (*cf.* chap. 2, II, 3), durant la phase clé du processus de *substitution* sociolinguistique en domaine occitan : la fin du XVIIIᵉ siècle et les premières décennies du XIXᵉ siècle (Boyer, 1991).

La fonction de désignant épilinguistique péjoratif est antérieure à la Révolution française. P. Bourdieu et L. Boltanski, dans leur analyse du « processus [...] qui [a] conduit à l'élaboration, la légitimation et l'imposition de la langue officielle » en premier lieu dans la France du Nord, signalent comme phénomène tout à fait significatif « le changement de sens assigné au mot patois qui, de "langage incompréhensible" en vient à qualifier un "langage corrompu et grossier, tel que celui du menu peuple — Dictionnaire de Furetière, 1690-" », tout en soulignant à juste titre que, par rapport au domaine d'oïl, « la situation [linguistique] est très différente en pays de langue d'oc » (Bourdieu et Boltanski, 1975, p. 6 ; également Bourdieu, 1982).

Manifestement, cette différence ne semble pas avoir été aussi évidente pour le rédacteur de l'article « patois » de l'*Encyclopédie* (Tome XII, 1765, p. 174), qui livre cette définition :

> PATOIS (Gramm.). Langage corrompu tel qu'il se parle presque dans toutes les provinces : chacune a son patois ; ainsi nous avons le patois bourguignon, le patois normand, le patois champenois, le patois gascon, le patois provençal, etc. On ne parle la langue que dans la capitale [...].

À travers la confusion faite là entre les dialectes du français et ceux de l'occitan, également qualifiés de « langage corrompu », donc à travers la confusion de deux langues et deux réalités sociolinguistiques distinctes, c'est bien toute l'idéologie de l'unilinguisme français qui apparaît, dans un ouvrage qui veut être une référence scientifique et auquel collaborent les plus grands esprits de l'époque. Cependant, tous les Encyclopédistes ne partagent pas cette idéologie diglossique dont le terme « patois » est un instrument pseudo-métalinguistique privilégié : c'est le cas de l'abbé de Sauvages, Encyclopédiste languedocien qui, dans l'édition de 1785 de son *Dictionnaire languedocien-françois*, s'inscrit en faux contre la définition de l'*Encyclopédie* en question en réfutant l'utilisation du désignant « patois » pour la langue d'oc, dans le long article qu'il consacre à ce terme :

> PATES, ou *patoués*. Le mot patois est un terme général qu'on applique aux différents jargons grossiers & rustiques que parle le bas peuple, soit dans les Provinces, soit dans la Capitale : puisqu'on dit le patois normand, champenois, & le patois des halles : mais il paroît que cette sorte de langage n'est réputé rustique & grossier que relativement à un autre de même genre qui est plus pur, plus correct, plus cultivé, que parlent les personnes lettrées, ou bien élevées. Ainsi le patois normand, par exemple est un patois du françois ;

> & il n'est réputé tel, que parce que ce langage du bas peuple de
> Normandie, est du françois corrompu ou altéré & fort inférieur à
> celui de la Cour & des honnêtes gens de la Capitale : en un mot,
> c'est un langage dégénéré d'une langue plus parfaite ; mais de
> même genre & qui ont l'un & l'autre une origine commune.
>
> Il n'en est pas de même du gascon, ou languedocien auquel est
> donnée la dénomination de patois dans une espèce d'avilissement,
> par l'oubli où il est tombé depuis environ un siècle, faute de culture,
> ou d'encouragement ; tandis que depuis la même époque, on s'est
> appliqué à perfectionner la langue françoise qui a fait presque éclip-
> ser son ancienne rivale & qui la fait de plus en plus dédaigner.
>
> Le languedocien quoique négligé & en partie dégénéré, n'en est pas
> moins *une langue à part, loin d'être le patois d'une autre* : langue
> aussi bien à soi que peuvent l'être aucune de celles de l'Europe […].
>
> Abbé de Sauvages, *Dictionnaire languedocien-françois*, Nîmes,
> 1785, Tome second, p. 142 (c'est nous qui soulignons).

Il est clair que l'Encyclopédiste languedocien n'adhère pas à
l'idéologie sociolinguistique d'infériorisation et donc d'illégiti-
mation de l'occitan que semble véhiculer l'*Encyclopédie* à travers
la définition de « patois » (et également, d'une certaine façon,
celle de « langue » au tome IX). Son discours (polémique)
s'oppose aux représentations dévalorisantes en circulation et
dénonce vigoureusement une idéologie linguistique qui finira
malgré tout par triompher des résistances « périphériques ».

Un moment capital de la promotion du désignant « patois » est
la célèbre enquête de l'abbé Grégoire durant la Révolution française (*cf.* M. de Certeau, D. Julia, J. Revel, *Une politique de la
langue. La Révolution française et les patois*, Paris, Gallimard,
1975).

Dans cette enquête, lancée par un questionnaire en août 1790
depuis l'Assemblée révolutionnaire en direction de correspondants (des notables membres, pour la plupart, d'une Société des
Amis de la Constitution) invités à répondre à « une série de questions relatives au patois et aux mœurs des gens de la campagne »,
Grégoire vise avant tout à sensibiliser des acteurs clés du processus révolutionnaire à ce qu'il considère comme un désordre linguistique, obstacle à la propagation des idées révolutionnaires en
français : le plurilinguisme régnant (encore) en France à cette
époque-là. Les questions qu'il pose sont pour l'essentiel de ces

questions qui laissent peu de latitude au jugement du correspondant. Comme, en tout premier lieu, la question 29 : « Quelle serait l'importance religieuse et politique de détruire entièrement [le] patois ? », qui présuppose (et donc impose de fait au destinataire) un accord sur la nécessité d'unifier linguistiquement la France et donc sur le bien-fondé de la *destruction* des *patois* comme parlers illégitimes.

Mais à cette espèce de coup de force, qui tend à imposer un objectif auquel n'adhèrent pas forcément tous les correspondants, en particulier ceux qui vivent eux-mêmes une situation d'usage d'une langue autre que le français, l'occitan, par exemple, qu'ils désignent le plus souvent par des expressions utilisant le possessif : « notre idiome », « notre patois », « notre gascon », etc., les réponses sont variables et témoignent assez bien de l'état des représentations sociolinguistiques au moment de la Révolution française, en domaine occitan (et donc de la diglossie franco-occitane) : elles sont autant de réactions plus ou moins implicites/indirectes à l'usage dévalorisant (et impropre) de *patois*, selon le sort qu'elles réservent au face-à-face, imposé par Grégoire, entre la « langue française » (le « français », « l'idiome national », « l'idiome français ») et le(s) *patois* (Grégoire utilise quatre fois, dans son questionnaire le terme « dialecte » comme variante) et au désignant péjoratif lui-même.

Dans l'une de ces réponses, celle des *Amis de la Constitution* d'Auch, le conflit des représentations s'exprime de manière spectaculaire à travers insistances, hyperboles et redondances, qui produisent l'effet d'une authentique dénégation :

> 29 — Nous ne voyons pas qu'il y ait le plus petit inconvénient à détruire notre patois. Ce ne peut être qu'infiniment avantageux. La France, ne composant plus qu'une même famille de frères ou d'égaux (ces deux termes sont synonymes), sera sans doute bien aise qu'on ne parle plus qu'une seule et même langue. Nous ne tenons pas du tout à notre patois ; on peut, quand on voudra, nous l'enlever : nous ne sourcillerons pas. Il nous semble que la langue française est plus faite pour prier le Créateur suprême et chanter ses louanges. Nous sentons que notre patois est trop lourd, trop grossier, trop ignoré ; il n'est pas digne de Dieu. Il nous paraît trop favoriser la paresse, le monachisme, la superstition et l'inquisition. La

destruction de notre patois ne peut être qu'agréable à Dieu ; elle le sera beaucoup à nous, et la politique ne saurait y perdre.

A. Gazier, *Lettres à Grégoire sur les patois de France 1790-1794...*, Paris, Durand et Pedone-Lauriel, 1880.

À travers les réponses (plus ou moins collectives) se découvre tout l'enjeu culturel et politique dont est porteuse l'opposition « terminologique » *patois/langue française*, vecteur privilégié de l'*unilinguisme* qui s'installe alors définitivement en France mais ne trouvera que plus tard des instruments institutionnels à sa mesure (l'École de la IIIe République en premier lieu).

À cet égard, il est intéressant d'observer la même idéologie à l'œuvre durant la période post-révolutionnaire, dans les premières décennies du XIXe siècle, en domaine occitan, à travers une production « pédagogique » exemplaire : les ouvrages destinés à débarrasser le français des Provençaux, Languedociens, Gascons et autres citoyens de la « partie méridionale de la France » (Villa : Montpellier, 1802), de son substrat occitan. Afin en particulier d'apprécier les usages du désignant « patois » face à ses concurrents.

À Bordeaux, Limoges, Périgueux, Pau, Le Puy, Montpellier, Marseille, Gap…, des « grammairiens locaux », souvent des instituteurs, publient, entre 1800 et 1845, manifestement en direction de la bourgeoisie locale (notaires, avocats, juges, médecins, architectes, négociants…), des recueils de « gasconismes », « provençalismes », « périgordinismes »…, des dictionnaires et grammaires qui visent à corriger les « locutions vicieuses » et autres « fautes locales » des néo-francophones du domaine d'oc qui, en guise de français, parlent « une sorte d'hybride », un métissage linguistique, une interlangue historique en train de se constituer (*cf.* ce même chapitre, paragr. II). (*cf.* A. Brun, *La langue française en Provence de Louis XIV au Félibrige*, Marseille, 1927, p. 152).

Cette production didactique témoigne à n'en pas douter d'une évolution sensible des représentations collectives des langues en contact/conflit depuis la période révolutionnaire. En effet, un consensus (assorti de plus ou moins de regrets) sur le diagnostic quant à l'état de la domination du français et de la minoration de l'occitan, ainsi que sur le bien-fondé de l'entreprise de normativisation du français en domaine d'oc, est largement acquis. L'acceptation d'une promotion généralisée de la « langue nationale » a manifestement progressé sinon dans les pratiques, du moins dans les esprits, tandis que les attitudes de résistance à l'unilinguisme ont régressé, en l'espace de quelques décennies, grâce à la légitimation révolutionnaire/républicaine de la même « langue nationale » : le français. Cependant, les discours qui présentent et justifient l'initiative des auteurs-normativisateurs, en décrivant parfois la situation linguistique dans laquelle elle s'inscrit, ne sont pas homogènes du point de vue de la désignation de « l'idiome local ».

Certains prennent nettement position contre le « patois » et adhèrent sans réserve à la représentation péjorative dont le mot est investi. C'est le cas de F. Sauger-Préneuf (Limoges, 1825) pour qui le « patois » n'est qu'un « jargon né de la langue romane » et qui partage avec d'autres « un vif désir de rendre à la langue française des droits usurpés, et de la faire triompher de tous ces pitoyables jargons, sortis de la fange des siècles de barbarie et d'ignorance ». D'autres auteurs semblent hésiter sur le choix d'un désignant à opposer à « langue française ». D'autres enfin semblent se refuser purement et simplement à employer le désignant stigmatisant. C'est le cas de J.-B. Caville (Périgueux, 1818) qui ne parle que d'« idiome local », de Chabaud (Marseille, 1826) qui emploie exclusivement le terme « provençal » pour désigner « la langue de l'immense majorité des habitants de cette province » qu'il pose comme « langue maternelle » face au « français », « langue nationale », mais aussi « langue étrangère », et de J.-B. Reynier (Marseille, 1829) qui utilise la référence à la Provence : « prononciation provençale », « locutions provençales »…

Pourtant, après plus de deux siècles d'impact du désignant « patois », dans la dernière décennie du XXe siècle, des enquêtes quantitatives réalisées en particulier en Languedoc (par une société spécialisée : *Media Pluriel Méditerranée*) confirment le diagnostic de plusieurs observateurs : un léger mais progressif reflux de « patois » dans le discours au profit d'« occitan », en même temps cependant qu'un recul régulier de l'occitanophonie traditionnelle (héritée) : comme si la fin des usages « naturels » de la langue, victimes d'un unilinguisme plurist séculaire, laissait désormais le champ libre à une désignation « [suggérant] une unité linguistique mieux affirmée […] et des représentations plus valorisantes, davantage dirigées vers le présent ou le futur, et susceptibles de prendre en charge des valeurs (relativement) porteuses d'avenir » (Ph. Gardy, « Les noms de l'occitan/nommer l'occitan », *Des troubadours à l'Internet*, Paris, L'Harmattan, 2001). Une désignation-représentation qui accompagne semble-t-il, le développement modeste mais significatif d'une nouvelle occitanophonie portée par les jeunes générations et qui s'exprime dans les réseaux les plus investis par la modernité et ses représentations valorisantes, ceux de l'Internet en premier lieu.

II. LES PHÉNOMÈNES LIÉS AU CONTACT DE LANGUES

Le *contact de langues*, source de conflit ou vecteur de coopération, est donc la chose du monde la mieux partagée (environ cinq mille langues seraient parlées aujourd'hui sur la planète pour un nombre limité d'États). L'exemple du *francitan* (dont il va être question plus longuement) montre que l'un des résultats les plus tangibles du contact (dans ce cas conflictuel jusqu'à la substitution) est l'apparition de marques d'hybridation auxquelles est exposée (prioritairement) la langue dominée mais également la langue dominante. Cette hybridation peut être plus ou moins abondante et plus ou moins stable. Cependant on peut considérer qu'elle relève de deux considérations : l'une macrosociolinguistique qui intéresse *le système* et dans ce cas-là, on peut parler d'hybridation *interlectale*, l'autre microsociolinguistique, de l'ordre du *bricolage* qui n'est qu'un métissage fondamentalement conversationnel du répertoire de locuteurs en transit ethnosociolinguistique (mais qui peut aller jusqu'à concerner une génération de migrants).

Dans les deux cas, on parle de *marques transcodiques* que sont les emprunts, les calques, les alternances et mélanges de langues qui témoignent soit de la « présence de deux ou plusieurs langues dans le répertoire des interlocuteurs » (dans tel ou tel échange) soit d'une rencontre interlinguistique prolongée au sein d'une même société. On parle aussi de *néocodage* lorsqu'on a affaire à des formes qui ont été « bricolées » et « qui n'appartiennent ni à la langue A, ni à la langue B et qui peuvent avoir une durée de vie réduite au temps [d'une] seule conversation ou devenir habituelle pour [les] interlocuteurs. Ces formes constituent des créations réellement interlinguistiques [par exemple : un hispanophone aura tendance en contexte francophone à désigner la poste par *la posta* au lieu de *correo* en espagnol] » (Matthey et De Pietro, 1997, p. 150-151).

1. Le partage de deux ou plusieurs langues dans les interactions verbales et le « parler bilingue »

La sociolinguistique suisse s'est donc intéressée prioritairement à la communication en contexte plurilingue et à ses diverses modalités. Elle nomme « parler bilingue » un mode d'exploitation d'un répertoire bilingue dans les conversations entre membres d'un même groupe migrant (par exemple) qui se traduit par la présence intentionnelle de *marques transcodiques* : J.-F. de Pietro propose deux exemples qu'il commente ensuite :

1) *x* – Sì pure per me è così.

y – [*Rire*] Ah mais lui poi è quello che la sorella fanno lo stesso cammino [*rire*] roba da matti questi due eh ! ah sì !

z – Ah sì sono legati.

w - Attaccatissimi.

y – Lo stesso cammino... quella lì si butta nel lago l'altro fa la même chose [*rire*].

w - C'est normal.

2) *x* – [...] porque por las buenas yo, por no tener jaleos, por colaborar como se debe, digo bueno, pues los pongo yo, me da el dinero y se acabó. Ahora, con cabronás de ponérmelos en lo alto de la oficina, en lo alto de la mesa de la oficina ; sin explicación y sin ná ! ça va pas ou quoi ? Por quién se toma este imbécil que apesta a vaca, eh ? Y subo y digo, dice : bueno, je vais voir si je trouve, je monte tout de suite XXX No me miraba ?` eh ? él sabe muy bien porque. Ne me miraba ?` eh ? porque él buscaba... es un tío diablo, diabólico ? sabes ? Busca todos los medios de t'emmerder cuando no le das la contraria.

Les deux fragments ci-dessus, extraits l'un d'une interview dans une famille napolitaine vivant en Suisse francophone depuis quelques années et l'autre d'une conversation spontanée entre des femmes d'origine espagnole vivant à Neuchâtel, présentent des exemples de ce que Grosjean (*Life with Two Languages : An Introduction to Bilingualism*, Cambridge/Londres, Harvard University Press, 1982) et Lüdi/Py (*Être bilingue*, Berne-Francfort, New York, Lang, 1986) ont dénommé le « parler bilingue ». Il s'agit d'activités communicatives impliquant un contact de langues, comme le montre la présence de marques transcodiques (*code-switching*, calques, etc.) et de changements de langues. Ici, pourtant, ces procédés ne servent pas, en priorité du moins, à assurer l'intercompréhension comme ce serait le cas dans une conversation exolingue [entre membres de deux groupes linguistiques différents] ; ils remplissent des fonctions diverses telles que la synchronisation interactionnelle, la structuration du discours, l'ancrage référentiel dans la région d'origine et/ou d'accueil, l'implicitation conversationnelle, etc. À travers eux, les interlocuteurs exploitent, à des fins communicatives diverses, les ressources qui leur sont fournies, en raison de leur bilinguisme, par les langues en présence. Il s'agit ainsi d'un procédé linguistique qui appartient pleinement à leur compétence communicative mais un procédé dont ils ne profitent réellement que lorsqu'ils peuvent actualiser la totalité de leur compétence bilingue et biculturelle, c'est-à-dire lorsque la situation ne l'interdit pas, qu'ils communiquent avec un interlocuteur lui-même bilingue et qu'ils considèrent comme faisant partie du même groupe (bi-)culturel qu'eux. Autrement dit, lorsqu'ils catégorisent la situation comme « endogène ». C'est donc la connivence, réelle ou postulée, des interlocuteurs qui fonde ici l'utilisation des deux codes et les passages de l'un à l'autre.

De Pietro, 1988, p. 74-75.

2. L'*interlangue* des migrants

Comme on l'a dit, le « bricolage » interlinguistique qui survient dans la migration peut être partagé assez uniformément par les membres du groupe de migrants. C'est ce qu'a étudié Ch. Lagarde sous la dénomination de « melandjao » (littéralement « mélangé »). Parler d'*interlangue* des migrants, c'est parler d'un entre-deux langues, d'un système approximatif. Le terme d'*interlangue*, utilisé dans les théories d'apprentissage des langues, désigne l'un des systèmes intermédiaires que se forge l'apprenant dans le processus d'appropriation de la compétence en langue étrangère. Il s'agit d'un système provisoire, appelé à être remplacé par un autre système tout aussi provisoire, et qui a la particularité de ne pas présenter que des formes venues de l'un ou de l'autre des systèmes en présence mais aussi des formes créées dans le processus d'acquisition (*cf.* R. Porquier, « Remarques sur les interlangues et leurs descriptions », *Études de linguistique appliquée*, nº 63, 1981).

C'est le même type de phénomène langagier qu'on observe dans une situation d'*acquisition*, non « captive » donc, comme celle que vit le migrant. Le terme de *melandjao*, désignant de l'inter-langue des migrants espagnols en Roussillon (Catalogne fran-çaise) (forgé du reste par ses propres usagers) est en lui-même une forme hybride réalisée à partir d'une unité lexicale française(« mélange »-« mélanger ») et d'une marque gramma-ticale espagnole : celle du participe passé, désinence verbale ora-lisée « à l'andalouse » : - *ao* (Lagarde, 1996, p. 9). Ainsi, les migrants espagnols auprès desquels Ch. Lagarde a enquêté, pro-duisent des énoncés à base d'interférences du type : « *On s'est fait* Français » (« Nous sommes *devenus* Français ») ; « il *domine* bien le catalan » (« il *maîtrise* bien le catalan ») ; « plus jamais, il m'a *dirigé* la parole », (« plus jamais, il m'a *adressé* la parole ») etc. (*ibid.*, p. 324 *et sq.*)

Le *melandjao* qui a été « le véhicule par lequel [s'est exprimée] une génération d'immigrants devenus immigrés » est un « parler transitoire, périssable » mais qui est « riche d'enseignements sur la question de *l'intégration sociale* des étrangers ». Là encore, le sociolinguiste ne se prive pas de contribuer à l'intelligence collec-tive de phénomènes circonscrits mais porteurs de sens pour l'ensemble de la communauté et son devenir.

3. Pidgins, créolisation et créoles

La rencontre de deux ou plusieurs systèmes linguistiques dans des situations historiques particulières : celle du développement du commerce international maritime, celle des colonisations et de l'esclavage lié aux sociétés de plantation, a également produit des *langues hybrides approximatives*. On pense aux pidgins (ensembles de formes nées le plus souvent dans des situations d'échanges commerciaux) mais surtout aux créoles (parlers aux fonctions communicatives diversifiées donc plus élaborés et sur-tout stabilisés).

Le *pidgin* est un « parler d'emploi restreint, utilisé comme seconde langue par tous ses usagers, de structure rudimentaire » (Manessy, 1995, p. 27), alors que le créole (mot d'origine espagnole qui a désigné primitivement les individus impliqués, comme dominants aussi bien que dominés, dans la colonisation) est un *vernaculaire*, c'est-à-dire la langue maternelle, première, d'une communauté plus ou moins importante. Si les pidgins sont des « langues réservées à des relations limitées et occasionnelles » (Chaudenson, 1995, p. 19), comme le « sabir », plus limité, ou la *lingua franca*, outil de communication utilisé anciennement sur certaines côtes, ou encore les *langues véhiculaires* (Calvet, 1981), comme on en observe en Afrique où les *langues vernaculaires* sont des obstacles interethniques pour la communication au sein d'un même pays, les *créoles* ont la particularité d'être des « langues à part entière qui se sont constituées dans des territoires coloniaux » (Chaudenson, 1995 p. 14), précisément durant la période des grandes colonisations. C'est pourquoi du reste on observe l'existence de quatre ensembles de créoles : portugais, espagnol, anglais et français (ces derniers étant les plus parlés : près de dix millions de locuteurs) comme, par exemple, le créole guadeloupéen ou le créole réunionnais.

Voici comme exemple (proposé par Chaudenson, 1995 p. 31) la même phrase : « Je ne sais pas où il est » produite en créole guadeloupéen: « *Moin pa sav ola i yé* » et en créole réunionnais : « *Mi koné pa ousa i lé.* »

Selon une hypothèse très répandue, les créoles seraient des pidgins qui en se développant seraient devenus progressivement la langue maternelle d'une communauté linguistique. Une autre hypothèse sociolinguistique, appuyée sur une analyse socio-historique du cas réunionnais, avancée par R. Chaudenson, est intéressante car elle fait toute sa place à la complexité du processus de colonisation, dans ses dimensions économique et démographique en particulier (Chaudenson 1995 ; *cf.* également Chaudenson, 1992).

L'hypothèse de Chaudenson repose sur une chronologie à deux phases du développement de la colonisation. Dans une première phase (qu'il appelle « société "d'habitation" »), qui correspond à l'installation, la seule langue de communication possible est le français car les esclaves parlent des langues différentes. Ces mêmes esclaves pratiquent ainsi inévitablement diverses variétés de français (approximatives, bien entendu). Cette « société d'habitation » se développe et s'oriente vers une nouvelle étape économique plus importante qui va nécessiter le recours à de nouveaux esclaves en nombre très important. C'est la deuxième phase : la « société de plantation », qui va modifier en profondeur les données de la situation sociolinguistique :

> Une conséquence directe de l'arrivée massive d'esclaves « bossales » [récemment débarqués] est la chute du pourcentage d'esclaves créoles dans la population servile [...]. En revanche, si la proportion d'esclaves créoles décroît, leur rôle social grandit. Dans la société de plantation, ils deviennent désormais les agents essentiels de la socialisation et de l'acculturation des nombreux bossales.
>
> Chaudenson, 1995, p. 69.

Ainsi, « les esclaves créoles, affectés aux tâches spécialisées ou investis de fonctions d'encadrement, deviennent les modèles sociaux et les instructeurs des esclaves nouveaux, massivement affectés aux durs travaux des champs. D'où le fait, décisif pour l'évolution de la situation sociolinguistique et la créolisation que, puisque dans la seconde phase, il n'y a plus de contact entre les Blancs et la masse des bossales, ces derniers vont donc avoir comme langue cible non plus le français, mais les variétés approximatives dont usent les esclaves créoles chargés de leur socialisation et de leur encadrement » : « C'est probablement là que s'engage le processus d'autonomisation par rapport au français. »

C'est ainsi qu'apparaissent des « systèmes qui, même s'ils empruntent [...] l'essentiel de leurs matériaux linguistiques aux langues européennes, vont les restructurer au point de constituer des systèmes autonomes que sont les créoles » (Chaudenson, 1995, p. 64-67).

4. Entre interlangue et créole : l'*interlecte*. L'exemple du « francitan »

On a vu, avec le *melandjao* (paragr. 2), qu'une interlangue pouvait émerger de la communication entre deux communautés linguistiques au sein de la migration. Cependant, même si l'on observe une certaine stabilité (au moins pour une génération), l'interlangue des migrants ne peut prétendre à une autonomie durable. Collective certes, à la différence de l'« interlangue des didacticiens » des langues étrangères, elle est en définitive transitoire comme cette dernière. Ce qui la distingue également d'un autre produit du métissage linguistique : l'*interlecte* (qui n'est pas simplement une variété régionale de langue, souvent désignée par le terme de « régiolecte » à notre avis impropre et par ailleurs inutile : *dialecte* étant parfaitement suffisant). Car l'*interlecte* est en fait une *interlangue historique*, qui s'est développée et fixée sur la longue durée (plusieurs siècles) mais qui n'a pas acquis la systématicité et l'autonomie que confère la créolisation telle qu'elle vient d'être présentée. Un interlecte, pour l'usager de la langue dont il partage l'essentiel des structures (phonétiques, grammaticales, lexicales), est intelligible, même si selon les locuteurs (et donc selon la diversité de réalisation des formes interlectales), la difficulté de compréhension n'est pas exclue.

Nous prendrons donc l'exemple du *francitan*, interlecte issu du conflit diglossique franco-occitan (conflit né d'une occupation militaire et d'une domination politico-administrative, intervenues à la suite de la croisade contre le catharisme en domaine d'Oc au début du XIIIe siècle et de la défaite des seigneurs occitans sanctionnée par l'annexion de leurs terres à la couronne de France, annexion qui était la véritable motivation de l'expédition) au cours d'un long processus d'hybridation, annonciateur de *substitution* (*cf.* paragr. 4). Ce processus a commencé sûrement sous l'Ancien Régime mais s'est accéléré à partir de la Révolution française, pour des raisons qui touchent à la nouvelle orientation politique de l'État national qui vise à garantir l'égalité devant la communication entre tous les citoyens et donc à unifier linguistiquement le territoire national (Boyer, 2000). De nombreux témoignages nous renseignent sur l'avancée de cette unification et l'installation de l'interlecte « francitan » (Boyer, 1991) qu'un des grands spécialistes de l'introduction du français en domaine occitan, Auguste Brun, a qualifié de « bâtard linguistique ». Ce « bâtard linguistique » présente aujourd'hui, comme le montrent les enquêtes réalisées en contexte scolaire, les mêmes caractéristiques fondamentales et lexicales, que dénonçaient dans la première moitié du XIXe siècle un certain nombre de maîtres normativisateurs qui souhaitaient, à l'aide d'ouvrages pédagogiques, extirper de la pratique linguistique ordinaire des néo-francophones du domaine occitan les « fautes locales » (c'est-à-dire les formes interlectales) à l'aide d'ouvrages qui prenaient souvent la forme de *Cacologies* (du type « ne dites pas... », mais « dites... »).

Sans insister sur ce *système intermédiaire* (relatif, car il ne concerne qu'un certain nombre d'aspects et de domaines de la langue), on peut en évoquer quelques particularités qui sont autant de productions hybrides (*cf.* Mazel, 1982 et Boyer, 1991) :

– comme l'articulation des [ə] dits « muets » (que maintient en français la graphie) ou la structure prosodique qui est plus proche de celle des langues romanes (autres que le français) ;

– comme un certain nombre de constructions grammaticales : « donne-moi le » (pour « donne-le moi ») ; « j'ai le petit de malade » (pour « mon fils est malade ») ; « tu as tombé le mouchoir » (pour « tu as fait tomber ton mouchoir ») ; « il te regarde à toi » (pour « il te regarde ») ; « lui, il se gagne sa vie » (pour « lui, il gagne sa vie »), etc. ;

– ou encore, de manière plus significative, un ensemble lexical où l'on trouve des unités comme « assuquer » (étourdir), « bouléguer » (remuer), « caraque » (gitan), « escamper » (jeter), « gafet » (apprenti), « péguer » (coller), « quicher » (presser), « roupiller » (dormir), « tuster » (frapper), etc.

Ce « francitan », qui n'est pas homogène sur l'ensemble de l'espace occitan, est donc l'un des éléments du *complexus diglossique* (Gardy) développé à partir du conflit diglossique franco-occitan, parfaitement repérable à l'intérieur de ce *complexus*, même si ses contours sont flous. Outre qu'il est nommé, il est présent dans l'imaginaire collectif, investi de représentations sociolinguistiques de plusieurs ordres, mais le plus souvent stigmatisantes car produisant de la dérision (on pense à certains sketches comiques ou à certaines publicités télévisées), et parfois objet d'une exploitation pédagogique positive lorsqu'il s'agit, en classe de français par exemple, de dédramatiser certaines des « fautes » dont se rendent « coupables » les petits « méridionaux ».

III. LA « MORT » DES LANGUES

La « mort » des langues est un thème récurrent en (socio-)linguistique. Les langues meurent-elles comme les organismes vivants ? dans quelles circonstances ? comment ? Peut-on suspendre la mort d'une langue ? pour combien de temps ? Ces questions et bien d'autres n'ont pas manqué de produire hypothèses et débats.

On peut considérer (comme le fait W. U. Dressler (1988)) que d'une manière générale la « mort » d'une langue survient dans une situation de domination linguistique, lorsque la langue dominante s'est substituée complètement à la langue dominée. Cependant la substitution qui signe l'acte de décès d'une langue (*cf.* chap. 3, paragr. 1) procède par étape.

Trois types de causes principales peuvent être invoqués pour expliquer la mort des langues (Hagège, 2000, p. 127-154). Comme bien sûr, des « causes physiques » : la disparition pure et simple des membres d'une communauté linguistique par suite d'une catastrophe naturelle, d'une épidémie... ou de massacres perpétrés en particulier lors de guerres de conquêtes, comme en Amérique latine par exemple... Mais aussi des « causes socio-économiques » qui vont conduire une langue en position de force à servir de pôle d'attraction pour la communauté en situation de domination et qui a abandonné son mode de vie traditionnel... ! Ce fut le cas avec l'anglais et les langues amérindiennes en Amérique du Nord. Enfin des causes « politiques » lorsque les « langues [sont] immolées sur l'autel de l'État » : ce fut le cas en France, d'abord sous la monarchie, mais surtout à partir de la Révolution française avec l'unification linguistique au profit du français et contre les autres langues parlées sur le territoire national (nommées péjorativement « patois » ou « dialectes »). Mais pour nombre d'observateurs, c'est « l'impérialisme de l'anglais [qui] occupe, aujourd'hui, une place de choix parmi les facteurs de la mort des langues » (Hagège, 2000, p. 243) ; une position qui ne fait cependant pas l'unanimité.

Un facteur sociopsychologique doit être pris très sérieusement en compte car il peut être décisif pour la survie ou la mort d'une langue potentiellement menacée, une « petite » langue par exemple : c'est le *prestige* dont jouit cette langue par rapport à la (les) langue(s) potentiellement menaçante(s), les représentations positives dont elle est investie par ses usagers naturels (une langue qui a une littérature reconnue ou/et langue d'une communauté qui a su s'adapter à la modernité), ou au contraire le manque de prestige accompagné de représentations stigmatisantes (comme celle d'une langue attachée à un mode de vie dépassé, anachronique...) dont elle est victime. En Espagne, par exemple, on peut dire que si le catalan a été de ce point de vue bien armé pour résister à l'espagnol, le galicien (autre *langue historique* : celle de la Galice) souffre d'un déficit d'image auprès des Galiciens eux-mêmes : il est considéré comme une langue de la campagne (du mode de vie paysan) et c'est un obstacle pour la récupération de toute sa normalité sociolinguistique (il en sera question au chapitre 4).

En ce qui concerne l'occitan, on a vu que l'un des handicaps qui ont contribué au déclin de ses usages, c'est tout un ensemble paradoxal de représentations (stigmatisation et idéalisation) au total négatif : son impact a conduit, on l'a vu, à l'auto-dénigrement, à la culpabilité et de là, à un refus délibéré de transmettre la langue aux jeunes générations.

Comme le soulignent les linguistes qui se sont penchés sur cette question, la substitution d'une langue dominée par une langue dominante, et donc sa disparition, se fait par étapes et plusieurs symptômes ne manquent pas d'alerter l'observateur attentif.

C'est sûrement le *bilinguisme diglossique* et la coexistence inégalitaire, et donc la concurrence déloyale de deux langues au sein d'une même société, qui déclenchent un processus qui, sans une résistance énergique de la part des usagers de la langue dominée, est irréversible et conduit inexorablement à la substitution (au monolinguisme en faveur de la langue dominante). Comme le montre en France l'histoire du conflit franco-occitan, par exemple, c'est apparemment le passage d'un monolinguisme très inégalitaire de la communauté dominée à un bilinguisme diglossique qui s'étend ainsi que la généralisation des marques d'hybridation (l'interlecte « francitan ») qui scellent le destin de la langue dominée. Mais pour l'occitan tout au moins, il faut attendre l'entrée en jeu de la démocratisation massive de l'enseignement et de l'impact généralisé des médias audiovisuels, conjointement à l'exode rural et donc à l'urbanisation de la société française pour que les représentations stigmatisantes passent efficacement à l'action, si l'on peut dire, et conduisent définitivement une communauté en état de culpabilité à mettre fin à la transmission naturelle de la langue (au milieu du XXᵉ siècle). Dès lors la langue de la famille devient le français même si des échanges en occitan ne sont pas exclus, entre les parents et les grands-parents par exemple. Les usagers deviennent progressivement des « semi-locuteurs » (N. Dorian, cité par Dressler, 1998) ou des « sous-usagers » (Hagège, 2000) car leur compétence en langue d'origine devient déficiente.

Sur le plan sociolinguistique, on observe une perte de considération normative pour la langue en voie d'extinction en même temps que les « semi-locuteurs » de celle-ci s'adonnent à la folklorisation-ritualisation : utilisation de la langue dans certaines occasions de la vie communautaire comme les banquets, les célébrations, les commémorations, les jeux. Mais cet usage sporadique ne concerne plus que des mots isolés, de brèves séquences de discours (du type plaisanteries, plus ou moins grossières, plutôt réservées aux hommes, histoires, chansons, etc.), des expressions figées, des proverbes et dictons...

Les symptômes linguistiques qui accompagnent le processus d'assimilation ne trompent pas. Ils sont de trois ordres : phonologique, grammatical, lexical ; les plus spectaculaires (pas forcément les plus décisifs) concernent le vocabulaire de la langue menacée. Il s'agit d'abord de l'emprunt massif à la langue dominante, sans intégration morphologique : il s'agit bien de substitution et non d'enrichissement lexical (normal pour toute langue vivante). Il s'agit surtout de la perte de productivité des « règles de formation des mots » qui permettent à toute langue de plein exercice de trouver en elle-même les ressources structurales pour enrichir son vocabulaire, en fonction des nouveaux besoins. Ainsi le breton qui, encore au XIXᵉ siècle, avait baptisé « *dorn-erez* » « la batteuse », a adopté en l'état au XXᵉ siècle le désignant « moissonneuse-batteuse » (Dressler, 1988, p. 225).

Cependant la mort des langues dominées n'est pas complètement inéluctable, si l'on veut bien considérer quelques cas de « reconquête, voire de résurrection », comme l'hébreu, qui a fait bien évidemment couler beaucoup d'encre. A. Fishman (1991) examine trois cas de renversement d'une situation de substitution linguistique : celui du catalan en Espagne, du français au Québec et celui de l'hébreu en Israël. L'histoire de la reconquête sociolinguistique au Québec est bien connue, on ne s'étendra donc pas sur ce cas. Pour ce qui concerne le catalan en Espagne, il est clair que la *loyauté* des Catalans à l'égard de leur langue communautaire est exemplaire, comme est exemplaire le rôle d'avant-garde qu'ont joué les sociolinguistes catalans en la matière durant la période franquiste, qui avait mis fin à l'officialisation du catalan durant la République, jusqu'en 1939. Aussi lors du retour à la démocratie et de la mise en place d'un nouvel État (constitution de 1978), les Catalans ont su imposer à l'Espagne une structure de type fédéraliste qui reconnaissait les identités historiques et donnait en particulier à la Catalogne les moyens institutionnels d'une politique linguistique de reconquête des usages sociaux de sa « langue propre » : le catalan. Les faits sont là : on peut dire que grâce à une action vigoureuse et multiforme, à travers l'administration, l'école, les médias, etc., cette « petite » langue n'est plus dominée dans la Communauté autonome de Catalogne mais n'est pas non plus dominante (ce qu'interdisent en tout état de cause les textes constitutionnels), même si des alarmistes de tous bords contestent ce diagnostic. Nous y reviendrons (chap. **4**).

En ce qui concerne l'hébreu, on peut parler d'un cas « miraculeux » selon Fishman (1991) car il s'agissait ni plus ni moins de vernaculariser une langue qui durant des siècles n'avait été que langue du sacré. Il a fallu, pour que la réimplantation de l'hébreu par les premiers colons sionistes, contre la pression du *yiddish*, vernaculaire de quelque dix millions d'usagers juifs, ait une réalité (en devenant la langue maternelle de la communauté installée en Palestine) dans le premier tiers du XXe siècle, non seulement tout le volontarisme d'un puissant nationalisme mais également de grands efforts de scolarisation couronnés de succès, mais aussi, plus tard, la tragédie de l'Holocauste, pour que l'hébreu devienne la langue d'un État-nation, Israël, né en 1948. Même si, aujourd'hui, l'anglais est potentiellement en situation de langue dominante dans ce pays...

Cette inversion exceptionnelle du destin sociolinguistique de l'hébreu suscite chez Cl. Hagège un certain optimisme qui lui fait penser que « la renaissance d'une langue morte n'est pas une chose impossible. L'hébreu en a apporté la preuve, et même s'il y faut un vouloir immense et quelque folie, l'exemple est disponible pour tous ceux qui ne prennent pas leur parti de la mort des langues » (Hagège, 2000, p. 34).

Chapitre 4

Les États
et la gestion des langues

Les situations de bi- ou plurilinguisme ne sont pas simplement des sujets d'étude pour sociolinguistes : elles sont aussi des réalités vécues, reconnues ou non, encouragées ou non, combattues ou non par les États concernés. À cet égard, la diversité de traitement, voire de gestion officielle des coexistences de deux ou plusieurs langues au sein du même espace sociétal, éventuellement parlées de manière privilégiée par des *communautés* différentes, au sens que Labov donne à ce terme (*cf.* chap. 2) est étonnante. Elle correspond en fait à la diversité des configurations sociolinguistiques en la matière et donc des histoires (en particulier politiques) ayant conduit à ces configurations.

S'il est un domaine où la sociolinguistique, sous l'appellation parfois de *sociolinguistique appliquée*, a acquis une importante légitimité sociale par le caractère thérapeutique de ses interventions, c'est bien celui des *politiques linguistiques*. Il ne sera question ici que de politiques linguistiques institutionnelles, mais on ne saurait oublier que les interventions *glottopolitiques* (*cf.* Guespin et Marcellesi, 1986) ne sont pas l'apanage des États : des structures associatives peuvent fort bien, précisément dans les cas de conflits de langues ignorés des pouvoirs publics, tenter de peser par une action militante sur la situation sociolinguistique. Ainsi les associations « calandreta » ou « diwan » ont œuvré respectivement dans l'espace occitan et en Bretagne pour imposer un enseignement en occitan et en breton à l'école maternelle et primaire. Il s'agit là d'écoles associatives, dont le volontarisme s'est révélé payant : de plus en plus d'élèves sont scolarisés dans ces écoles et au-delà du cycle élémentaire, dans les collèges.

D'autre part, l'action en faveur de la présence des langues « régionales » de France dans l'Éducation nationale et de leur place dans la vie publique (dans les médias en particulier), due au militantisme associatif, a été couronnée d'un certain succès.

Un peu partout dans le monde, des hommes et des femmes se mobilisent pour défendre une langue menacée ou encore pour promouvoir le plurilinguisme. Parfois elles/ils peuvent s'appuyer sur les instances officielles (de l'État, des régions...), parfois elles/ils doivent dénoncer (et affronter) la passivité ou l'action de ces mêmes instances. Ainsi en Galice, communauté « historique » autonome de l'État espagnol, une organisation de type associatif, indépendante (y compris financièrement) des pouvoirs publics joue un rôle capital pour la promotion du *galicien* dans la société galicienne (marquée par une forte hégémonie du castillan) et apparaît, face à la prudence de la politique linguistique officielle des instances communautaires, comme le fer de lance de cette promotion. Il en est encore de même en Autriche, où en Carinthie, des associations en faveur du slovène (langue minoritaire en Autriche mais langue officielle en Slovénie) sont parvenues à impulser une politique modeste mais effective de scolarisation. Dans la plupart des cas, une ou plusieurs revues militantes expriment les positions, les revendications, les propositions des associations en question. Par ailleurs, la relation de ces actions militantes aux représentations qui ont cours dans la société civile est décisive pour leur crédibilité et donc leur succès. Et de ce point de vue, la concurrence parfois agressive que se livrent dans certains cas les associations de militants linguistiques (et culturels) n'est pas le meilleur gage d'efficacité glottopolitique (on peut penser ici aux querelles qui ont pendant longtemps agité en France l'ensemble du mouvement en faveur de la langue et de la culture occitanes et ont ainsi affaibli considérablement leur capacité d'intervention).

I. POLITIQUE LINGUISTIQUE

On peut considérer que l'expression « politique linguistique », appliquée à l'action d'un État, désigne les choix, les orientations, les objectifs qui sont ceux de cet État en matière de gestion de sa pluralité linguistique (et/ou de sa (seule) langue officielle), parfois inscrits dans la Constitution même, parfois suscités par une situation intra- ou intercommunautaire préoccupante en matière linguistique (on songe à l'Espagne au sortir du franquisme), ou même tendue, voire violente (comme c'est le cas en Belgique aujourd'hui). D'autres institutions para-étatiques ou supra-étatiques peuvent également proclamer des choix, des orientations, des objectifs en matière de langues. Ainsi, il est indéniable que le Conseil de l'Europe (dont on sait que le domaine d'intervention va bien au-delà de l'UE), l'Unesco ou le Secrétariat général à la Francophonie sont des institutions porteuses d'une politique linguistique (plus ou moins élaborée, plus ou moins déclarée). Le Bureau européen pour les langues moins répandues, organisme associé aux institutions européennes, est quant à lui une instance supranationale de politique linguistique : de défense et de promotion des « petites » langues (minoritaires donc).

Pour qu'une politique linguistique (comme toute politique : économique, éducative, sanitaire, etc.) ne s'arrête pas au stade des déclarations et passe à l'action, il faut qu'elle mette en place un dispositif et des dispositions ; on passe à un autre niveau, celui de l'intervention glottopolitique concrète : on parle alors de *planification*, d'*aménagement* ou de *normalisation* linguistique.

1. Planification/aménagement/normalisation linguistique

> Nous considérons [...] la politique linguistique comme l'ensemble des choix conscients effectués dans le domaine des rapports entre langue et vie sociale, et plus particulièrement entre langue et vie nationale, et la planification linguistique comme la recherche et la mise en œuvre des moyens nécessaires à l'application d'une politique linguistique.
>
> Calvet, 1987, p. 154-155.

On pourrait préciser à propos des rapports évoqués dans cette citation qu'il s'agit pour nous, dans le cadre de ce chapitre, de rapports entre une ou plusieurs langues et la vie communautaire (ou intercommunautaire) au sein d'une même société. Par ailleurs, si l'appellation « planification linguistique » (équivalent français de l'expression *Language Planning*, en usage chez les sociolinguistes anglo-saxons) a été et reste largement utilisée, on peut lui préférer un terme français en usage chez nos collègues québécois : « aménagement linguistique » (*cf.* Daoust et Maurais, 1987) ou encore le terme de « normalisation linguistique » popularisé en Espagne par les sociolinguistes catalans, utilisé avec un sens beaucoup plus large que celui de *codification*, qui lui est donné parfois (par exemple par J.-A. Fishman, 1971, p. 38-39).

Cependant qu'il s'agisse de « planification », d'« aménagement » ou de « normalisation » linguistique, il est toujours plus ou moins question de gestion d'une (ou de plusieurs) langue(s) aussi bien dans ses (leurs) formes que dans ses (leurs) usages.

Une politique linguistique peut donc :

– *concerner telle langue dans son identité structurale*. Il peut s'agir alors d'une intervention de type normatif (normativisation), visant à codifier des fonctionnements grammaticaux, lexicaux, phonétiques… , hétérogènes (à la suite d'un processus historique de dialectalisation, par exemple, c'est-à-dire de très forte diversification), à déterminer une forme standard, ou encore (ou en même temps) à donner une écriture à une langue qui n'était qu'orale, ou à modifier une orthographe, etc., et à diffuser officiellement les (nouvelles) normes ainsi fixées (et en général sur la base de travail de linguistes) auprès des usagers ;

– *concerner les fonctionnements socioculturels* de telle langue, son statut, son territoire, face aux fonctionnements socioculturels, au(x) statut(s), au(x) territoire(s) d'une autre ou d'autres langues également en usage dans la même communauté plurilingue, avec des cas de figure variables (concurrence, domination, complémentarité, etc.) ;

– *présenter une double visée : linguistique* et *sociolinguistique*, et les deux types d'intervention évoqués sont alors parfaitement solidaires. C'est ce qu'on entend par *normalisation* en Espagne dans la période actuelle où, en Catalogne par exemple, on le verra plus loin, la *normalisation sociolinguistique* officielle du catalan implique la prise en compte de la *normativisation* linguistique (grammaticale, lexicale, orthographique…) déjà largement réalisée dans le premier tiers du XXe siècle (Boyer, 1996, p. 103-104).

Pour le Valencien Ll. V. Aracil, l'un des pères fondateurs de l'école catalane de sociolinguistique et promoteur de l'appellation :

> La normalisation consiste surtout dans l'élaboration et la mise en vigueur de systèmes de normes d'usage linguistique. Or, cela suppose nécessairement que la normalisation est toujours consciente. En réalité, du moment qu'elle est prospective par définition, elle est aussi prévoyante. Elle implique, en effet, non seulement une attitude favorable envers la langue qu'il s'agit de normaliser, mais aussi [...] un espoir et une confiance dans l'efficacité de l'action sociale éveillée et concertée [...]. Une véritable normalisation ne saurait jamais se borner aux aspects « purement » linguistiques. Elle doit envisager en même temps beaucoup de facteurs décidément « sociaux », voire essentiellement politiques [...]. Bref, la normalisation est une véritable macro décision qui [...] vise à orienter le futur d'une communauté et suppose l'exercice d'un certain pouvoir.
>
> Aracil, 1982, p. 9.

Le couple notionnel *normalisation/normativisation* correspond assez largement à un autre couple du même ordre dû à H. Kloos et en vigueur dans la littérature anglo-saxonne du domaine : *status planning* (planification du statut)/*corpus planning* (planification du corpus) ; le *status planning* « vise le statut social de la langue » ; quant au *corpus planning*, il s'agit de « l'aménagement de la langue elle-même » (Daoust et Maurais, 1987, p. 9-10).

2. L'intervention glottopolitique : aspects techniques et juridiques

En matière de *dispositifs* et de *dispositions,* mis en place et mis en œuvre par la volonté d'une politique linguistique, on observe une grande diversité... et une grande disparité, selon les situations et les périodes envisagées.

Nul doute que les conditions historiques, socio-ethniques, économiques, démographiques, etc., jouent dans le sens d'une forte différenciation des gestions institutionnelles des langues. Il est évident que les pays africains qui ont souhaité, à la suite de la décolonisation, instaurer des aménagements linguistiques, n'ont pas toujours eu les moyens (en particulier financiers) de leurs ambitions. Par ailleurs, certaines situations de plurilinguisme que connaît l'Afrique (où à une multiplicité d'ethnies correspond une multiplicité de *langues vernaculaires*) ne sont pas pour faciliter la mise en œuvre d'une authentique politique linguistique. On songe au Cameroun qui présente un éventail de plus de deux cents langues et où, forcément, deux langues officielles sont de grandes langues de communication internationale léguées par la colonisation : le français et l'anglais. Et les efforts pour élever dans certains de ces pays, une ou plusieurs langues négro-africaines, assurant parfois les fonctions de *langue(s) véhiculaire(s)* (c'est-à-dire de langue de communication intercommunautaire) au rang de langue(s) nationale(s), et les introduire dans l'enseignement ne sont que plus méritoires : on peut penser ici au Sénégal et à la politique linguistique conduite en faveur du wolof ou du peul par exemple (*cf.* Dumont, 1983 et également Calvet, 1981). Comme ont été méritoires, dans la Yougoslavie de Tito, les choix d'une politique linguistique ouverte, en particulier de protection des minorités, comme en Voïvodine où cinq langues avaient (et gardent même encore aujourd'hui) le statut de langues d'enseignement.

Pour ce qui concerne l'appareil juridico-administratif au service des politiques linguistiques d'États (qui a un coût en termes financiers), il y a donc diversité, que cet appareil soit mis en place au niveau étatique ou au niveau des collectivités territoriales (comme la région, le canton ou même la commune) ou à plusieurs niveaux à la fois. Le dispositif peut se limiter à une académie de la langue, et en guise de dispositions, on peut ne trouver qu'un article dans la Constitution. Mais on peut aussi observer la création d'autres instances de gestion, comme un ministère, un office, une direction générale, des commissions, des conseils et la prolifération de textes réglementaires : décrets, arrêtés, circulaires et parfois le vote de lois linguistiques. Nous y reviendrons à propos des exemples qui sont proposés plus loin.

Il faut aussi considérer que toute mise en œuvre d'une politique linguistique doit être attentive au respect de deux principes fondamentaux du droit en matière de plurilinguisme :

– le *principe de personnalité* selon lequel « Le choix de la langue [relève] des droits personnels de l'individu » (Mackey, 1976, p. 82) ; en vertu de ce principe tout citoyen d'une

société bi- ou plurilingue doit pouvoir obtenir de l'État qu'il garantisse la liberté en matière d'usage des langues du pays ;
– le *principe de territorialité* qui suppose une territorialisation du plurilinguisme, laquelle peut revêtir des dimensions très variables, comme on l'a dit (région, canton, commune...). C'est sûrement ce principe qui a inspiré majoritairement les aménagements linguistiques.

Pourtant, même si la solidarité des deux principes n'est pas facile à réaliser dans les faits, il n'en reste pas moins que c'est vers cette solidarité que doit tendre toute mise en œuvre juridico-administrative d'une politique linguistique. Les « modèles » en la matière ne sont cependant pas faciles à trouver, au-delà bien entendu des proclamations officielles...

II. ÉTATS MONOLINGUES ET ÉTATS PLURILINGUES

Généralement, on évalue environ à cinq mille le nombre des langues en usage dans le monde : il est donc clair que le monolinguisme y est l'exception et que le plurilinguisme est la situation la plus répandue sur l'ensemble des États. Il en va de même en Europe, certes avec une pluralité moindre, car l'espace géopolitique européen est souvent celui où s'est le plus développé l'idéal de l'État-nation, c'est-à-dire un idéal d'État qui tend à associer un même territoire, une seule organisation politico-administrative et une langue unique. L'État français est la concrétisation de cet idéal d'État-nation qui obsède bon nombre de revendications identitaires (et nationalistes) sur le continent européen.

1. Monolinguisme et plurilinguisme en Europe

Miguel Siguán, psychosociolinguiste espagnol, a proposé, en 1996, une analyse de la situation glottopolitique des États de l'Union européenne selon cinq types :

– le monolinguisme,
– la *tolérance*, quant aux minorités linguistiques,
– l'*autonomie linguistique*,
– le *fédéralisme linguistique*,
– et enfin le *plurilinguisme institutionnel*.

Il nous semble que cette typologie gomme quelque peu la complexité de certains cas : c'est pourquoi tout en nous appuyant sur certaines des évocations de M. Siguán, il nous semble préférable de repérer, sur une échelle de situations glottopolitiques qui va, si l'on peut dire, du monolinguisme intégral au plurilinguisme intégral, quelques situations plus ou moins exemplaires. Voici cette échelle qui n'a aucun caractère scientifique mais cherche à situer divers cas européens de traitement juridico-administratif du plurilinguisme qui correspondent à autant de degrés de reconnaissance officielle de plurilinguisme :

Monolinguisme	A	B	C	D	E	**Plurilinguisme**
Portugal	France	Grande-Bretagne	Italie	Espagne	Finlande	Luxembourg

1. On peut considérer (malgré la présence très limitée d'un parler d'origine espagnole à la frontière est) que le *Portugal* est un pays effectivement monolingue.

2. La *France* se proclame officiellement monolingue ; c'est du moins ce qu'on doit déduire de la rédaction récente (1992) de l'article 2 de la Constitution : « *La* langue de la République est le français » (c'est nous qui soulignons la marque du singulier). Cependant, et malgré plusieurs siècles de mise en œuvre d'une politique d'*unilinguisme* (Boyer, 2000), un certain plurilinguisme est encore en vigueur (parfois à l'état de vestiges) dans l'Hexagone, mais aussi dans les DOM et les TOM. Une reconnaissance timide de cet héritage et un traitement de type « patrimonial » avaient vu le jour en 1951 (loi Deixonne en faveur des langues et dialectes locaux de France) et avaient été confortés durant les années quatre-vingt (circulaires Savary et Barcos). Un pas a été franchi (dont on ne peut dire avec certitude qu'il ne restera pas purement symbolique) avec la signature par la France en 1999 de la *Charte européenne des langues régionales ou minoritaires* (mais non ratifiée à la suite du veto émis par le Conseil constitutionnel), préparée par le *Rapport Poignant* remis au Premier ministre en 1998, qui préconisait cette signature. Un nouveau pas a encore été franchi avec l'inventaire proposé par B. Cerquiglini, linguiste et directeur de l'Institut national de la langue française aux ministres de l'Éducation nationale et de la Culture et de la Communication en 1999 en prévision de la ratification par la France de la *Charte européenne*. En effet,

cet inventaire va bien au-delà des quelques langues énoncées par la loi Deixonne (qui ne retenait que le breton, le basque, le catalan et la langue occitane) et les textes réglementaires ultérieurs (qui avaient élargi son champ d'application) puisqu'il retient soixante-quinze « langues parlées par des ressortissants *français* sur le territoire de la République » : langues ou groupes de langues parlés non seulement en France métropolitaine (quatorze : occitan, breton, corse... mais aussi berbère, yiddish ou encore langues d'oïl) mais surtout hors du territoire de la Métropole : départements d'outre-mer (créoles, langues amérindiennes...), territoires d'outre-mer : Nouvelle-Calédonie (vingt-huit langues kanak), Polynésie (pas moins de neuf langues) et Mayotte (deux langues). Un inventaire rigoureux (et généreux) donc mais dont on peut se demander comment les pouvoirs publics français, qui ont eu du mal à honorer les propositions de la modeste loi Deixonne, pourraient le prendre effectivement en compte si la ratification de la Charte devait se réaliser. Ainsi tout (ou presque) reste à faire en matière de *normalisation* (et parfois de *normativisation*) des langues de France autres que le français.

3. La *Grande Bretagne* présente un degré de « tolérance » glottopolitique jusqu'ici légèrement supérieur à celui de la France (M. Siguán, 1996 ; D. Breathnach (éd.), 1998). (Encore que les *nouvelles orientations pour l'enseignement des langues régionales* présentées par le ministre de l'Éducation nationale, Jack Lang, en avril 2001, si elles mobilisent les moyens nécessaires et si elles se traduisent par les actes adéquats, peuvent déplacer le cas de la France au-delà du seuil où elle a stagné durablement.)

Si l'anglais est la seule langue officielle de la Grande-Bretagne, le gallois (*cymraeg*) continue à avoir une existence sociale orale et écrite très importante en Pays de Galles (cinq cent mille locuteurs, soit près de 20 % de la population galloise), même si cette importance est variable selon les comtés. Le gallois, régi actuellement par une loi linguistique de 1967, a plus qu'un statut de langue tolérée, même si ses usages sont limités : il est utilisé en justice et dans l'administration. Les usagers du gallois peuvent même utiliser leur langue pour leurs rapports avec les représentants de l'État. Un fait à signaler : le développement de l'enseignement en gallois durant les dernières décennies (selon Siguán 1996, cet enseignement concerne actuellement 20 % des élèves de l'enseignement primaire). Par ailleurs la chaîne de télévision S4C propose trente heures par semaine en langue galloise. Langue qui est également présente dans la publicité, dans le paysage urbain, dans l'édition et bien sûr, dans l'expression culturelle (théâtrale, musicale...). Ce développement sociolinguistique s'appuie apparemment sur un fort mouvement (associatif) revendicatif.

4. L'*Italie*, dont on sait que l'unification linguistique est plus un rêve qu'une réalité présente, à côté d'une grande (et vivante) diversité dialectale de l'italien, un plurilinguisme étonnant (selon le Bureau européen pour les langues moins répandues) : pas moins de douze langues autres que la langue de l'État. Une relative protection régionale du sarde et du catalan (à Alghero) est prévue en Sardaigne ; il en va de même pour le frioulan, dans les provinces où il est parlé (celle d'Udine en particulier), le grec (en Calabre), le ladin (province de Bolzano/Bolzen spécialement), l'occitan (région du Piémont). Il en va un peu mieux pour le slovène (plus particulièrement à Trieste, en vertu d'un statut spécial, prévu en 1954), utilisé, bien qu'inégalement, dans la vie publique et l'enseignement.

Cependant, seules deux langues jouissent d'un statut et d'un traitement juridiques vraiment spéciaux, garantis par l'État : le français au Val-d'Aoste et l'allemand, pour l'essentiel dans la province autonome du Tyrol du Sud. Pour ce qui concerne cette langue, son statut est garanti par un décret présidentiel de 1972, sur un territoire à 68 % germanophone. Ce statut permet à l'allemand, à parité avec l'italien, d'être utilisé dans l'administration, les services publics, la police, la justice et les médias. De la maternelle à l'université, il est possible de recevoir un enseignement en langue allemande.

Quant au français, à la différence du franco-provençal en usage dans les vallées valdôtaines, il est langue co-officielle dans la région autonome du Val-d'Aoste aux côtés de l'italien (en vertu d'un statut en vigueur depuis 1948). Cette co-officialité s'étend évidemment à la vie publique dans son ensemble et à l'enseignement. C'est dire que l'Italie fait figure de stade intermédiaire pour ce qui concerne le positionnement glottopolitique institutionnel : cet État, en territorialisant une officialisation effective de certaines de ses langues n'est certes pas un État

plurilingue, mais il a cependant tourné le dos à un positionnement monolinguiste.

5. Avec l'*Espagne*, nous sommes dans un cas de figure qui, sans
pouvoir être considéré comme relevant du plurilinguisme
d'État, est proche d'un fédéralisme linguistique, limité à certaines communautés de son territoire. L'Espagne est considérée
aujourd'hui (depuis deux décennies), par les spécialistes, comme
un laboratoire en matière de politique linguistique. La nouvelle
Constitution de l'État espagnol de 1978 ainsi que les divers statuts d'autonomie élaborés par les communautés autonomes (des
régions aux pouvoirs très importants, y compris le pouvoir de
légiférer) ont permis, pour celles d'entre elles (dites
« historiques ») qui possédaient leur propre langue (le catalan, le
basque, le galicien) aux côtés du castillan (ou espagnol si l'on
préfère) de développer une politique linguistique dont la vigueur
a été souvent fonction du degré d'implication de la population
concernée ainsi que du volontarisme du pouvoir autonomique.
Ainsi, si le Pays Basque, et surtout la Catalogne (gouvernée par
des nationalistes de droite modérée s'appuyant sur un fort sentiment collectif de *loyauté*), ont su mettre en place les instruments
adéquats d'une reconquête sociolinguistique (les langues concernées ayant subi un lourd préjudice durant près de quatre
décennies de dictature franquiste), la Galice, dirigée par un parti
peu favorable aux autonomies et formant une communauté linguistique investie par de fortes représentations stigmatisantes du
galicien (langue de la ruralité, de la paysannerie, à la différence de
l'espagnol, langue de la ville et de la bourgeoisie), n'a pas béné-
ficié d'une aussi forte dynamique sociolinguistique en faveur de
la « langue propre », bien que celle-ci ait l'un des taux d'usage
les plus forts parmi ceux des langues « minoritaires » d'Espagne,
considérée comme « principale » par 56 % de la population,
selon une enquête fiable (*cf.* Siguán 1994, p. 21).

Si l'on s'en tient, pour cette *Introduction à la sociolinguistique,* à
l'exemple de la communauté autonome de Catalogne, qui jouit,
on l'a vu, de la plus grande considération des spécialistes de gestion des langues et, qui est, de fait, traitée par les autres communautés autonomes avec « langue propre » comme un modèle (y
compris bien entendu par deux autres communautés autonomes
d'Espagne qui ont pour langue propre également le catalan : les

Îles Baléares et la Communauté valencienne), on ne peut qu'être frappé par la sophistication, si l'on peut dire, du dispositif et des dispositions qui ont été produits institutionnellement en faveur du catalan. Deux lois linguistiques ont été votées par le parlement catalan au cours des vingt dernières années : la première en 1983 (dite « de normalisation linguistique du catalan »), la seconde en 1998, pour aller plus loin (dite « de politique linguistique »). Entre ces deux lois (et leurs décrets d'application), dont la première a eu pour objectif déclaré la « normalisation » des usages du catalan (mot d'ordre, on l'a vu, cher aux sociolinguistes catalans), c'est-à-dire de faire de la « langue propre » de la Catalogne une langue de plein exercice sociétal, il y a une évolution très sensible de la politique linguistique du gouvernement autonome : désormais, et la loi de 1998 en est l'affirmation solennelle, il s'agit de faire du catalan (pour les Catalans, langue *nationale* « sans État ») la *langue prioritaire* de la Catalogne. En effet, la loi de 1998 précise les statuts des deux langues co-officielles de Catalogne, selon les deux principes du droit en la matière (déjà mentionnés) :

– le catalan est *la* « langue propre » de la Communauté, la seule (*principe de territorialité*) et donc elle doit être collectivement utilisée en priorité ;
– le castillan est la langue de l'État espagnol, langue co-officielle en Catalogne et tout citoyen a le droit (*principe de personnalité*) de communiquer avec les pouvoirs publics dans cette langue, en demandant une traduction en castillan, par exemple.

La concrétisation de cette visée glottopolitique n'est pas allée sans provoquer quelques critiques dans une population qui compte de très nombreux hispanophones d'origine. Cependant, les autorités compétentes ont su, contre vents et marées (en particulier les entraves du gouvernement central), faire que dans l'administration, l'enseignement (par une stratégie précoce *d'immersion*), les médias (télévision surtout), la communication sociale en général, les entreprises, et la vie politique bien sûr, le catalan surmonte le handicap de « petite langue » longtemps maltraitée et guettée par une mort programmée. Évidemment, le fait que la communauté catalophone, dans laquelle la bourgeoisie a joué un rôle glottopolitique de premier plan, ait résisté pacifiquement à l'assimilation avec une détermination sans faille et des stratégies diversifiées n'est pas pour rien dans le succès actuel de la *normalisation* du catalan (que le tableau 1 ci-après, qui rend compte des résultats en matière d'usages linguistiques de deux recensements : 1986 et 1991, permet d'apprécier).

Mais ce succès est dû également au « montage » à la fois socio-politique et technique de cette normalisation. En effet, un cadre administratif diversifié et la mise en place de structures spécialisées ont permis de répondre, efficacement semble-t-il, au défi que présentait la situation sociolinguistique de départ (une situation diglossique certes paradoxale, où la langue dominée était la langue de prestige, mais une situation de dominance cependant, en particulier dans l'ordre de l'écrit social). La figure 1 ci-après vise à décrire à grands traits ce dispositif complexe au service de la *normalisation* du catalan.

6. La situation glottopolitique de l'Espagne n'est pas fondamentalement différente de celle de la *Finlande* qui, cependant, peut représenter un stade plus avancé vers le plurilinguisme d'État. En effet, si le *sami*, langue des Lapons (premiers occupants de la Finno-Scandinavie), langue minoritaire (moins de trois mille locuteurs en Finlande) n'a obtenu reconnaissance et protection que depuis 1991-1992, le *suédois* (langue minoritaire également : 6 % des cinq millions d'habitants parlent cette langue en Finlande) a constitutionnellement (depuis 1919) égalité avec le *finnois*, le statut de *langue nationale*, ce qui se traduit en particulier par un usage normal des deux langues dans l'administration, l'enseignement et les médias. Mais ce *bilinguisme institutionnel* d'État est en réalité largement territorialisé : c'est en fait le district qui est la base de la gestion des langues en présence. Selon la configuration sociolinguistique de la population (recensée périodiquement) d'une municipalité, celle-ci est officiellement considérée bilingue ou monolingue (finnois ou suédois), selon les déclarations des citoyens quant à leur langue « principale » :

Tableau 1. *Évolution des aptitudes linguistiques en catalan*[1]
sur l'ensemble du territoire de la communauté autonome de Catalogne[2] *entre 1985 et 1991*[3] *selon l'âge*

		10-14	15-19	20-24	25-29	40-44	50-54	60-64	70-74
COMPRÉHENSION du catalan	1986	97,1	96,8	95,4	94,3	91,3	89,7	87,8	84,4
	1991	98,8	98,4	97,1	96,2	94,6	91,9	90,4	87,3
CAPACITÉ DE PARLER en catalan	1986	78,1	78,2	72,4	66,9	57,7	58,6	62,9	62,2
	1991	89,2	87,2	78,2	71,3	60,9	55,2	60,2	62,1
CAPACITÉ D'ÉCRIRE en catalan	1986	62,9	62,5	47,2	32,7	20,9	18,3	25	21,8
	1991	80,1	77,8	63,5	47,3	27,7	20,5	22,6	25

Ce tableau permet d'observer les évolutions positives dues à la politique institutionnelle de normalisation sociolinguistique. En particulier apparaît ici clairement l'impact de la scolarisation en catalan (qui ne concerne que les tranches d'âges inférieures) et également, mais dans une moindre mesure, celui de la formation en catalan en direction des adultes. C'est particulièrement évident pour la capacité d'écrire en catalan. Par ailleurs, on constate que les tranches d'âges supérieures manifestent une compétence déficiente en catalan : si l'aptitude à parler en catalan est plutôt correcte, bien qu'elle chute à partir de la tranche 40-44, l'aptitude à écrire en catalan est faible, toujours à partir de la même tranche d'âge (une population scolarisée durant la période franquiste...).p

---

1. D'après J. Hall : « Les recensements linguistiques en Catalogne : chiffres et déchiffrage », Lengas n°35, 1994. Sources : recensements officiels de 1986 et 1991. Il convient de rappeler que ces résultats, quant aux savoirs-faires linguistiques obtenus par les recensements, doivent être, comme tous les résultats d'enquêtes (linguistiques) établis sur une base déclarative (auto-évaluation), considérés avec prudence.
2. Les chiffres sont en fait très variables entre, d'une part la province de Barcelone (à forte implantation hispanophone) et les trois autres provinces de Catalogne où la population catalanophone est très largement majoritaire.
3. Période de pleine mise en œuvre de la normalisation linguistique institutionnelle.

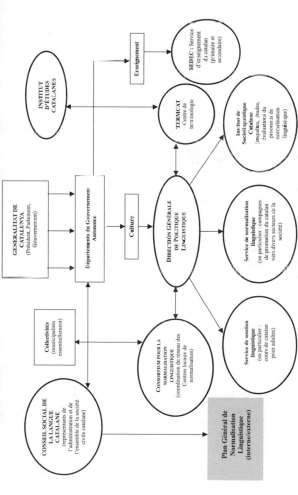

Fig. 1. *Un exemple de dispositif de normalisation linguistique : celui de la communauté autonome de Catalogne en Espagne*

– est considérée comme unilingue une commune qui n'a que des résidents d'un seul groupe linguistique ou si le nombre de ceux qui appartiennent à l'autre groupe est inférieur à 8 % de la population communale ou à trois mille personnes ;

– est considérée comme *bilingue* une commune où la minorité atteint ou dépasse 8 % de la population ou trois mille personnes ;

– une commune bilingue ne peut être déclassée, c'est-à-dire devenir unilingue, que si la minorité chute au-dessous de 6 % (sauf si la commune décide du maintien du bilinguisme).

Gambier, 1987, p. 60-61.

7. Avec le *Luxembourg*, nous atteignons pleinement le pôle plurilinguisme de notre figuration. Dans ce cas, si l'on a affaire à un État *trilingue* (français, allemand, luxembourgeois) où le français et l'allemand sont depuis longtemps langues officielles, le luxembourgeois (*Lëtzebuergesch*) n'étant officiellement langue *nationale* que depuis 1984, la distribution des usages respectifs des trois langues en présence tendrait plutôt, si l'on en croit certains spécialistes, vers une « triglossie » (en particulier pour ce qui concerne la communication médiatique) dont les caractéristiques générales seraient les suivantes :

– dans la communication orale de tous les jours, les Luxembourgeois de souche se servent entre eux du Lëtzebuergesch, dialecte germanique ;

– le français dispose de droit et de fait d'une position privilégiée et non contestée en tant que langue officielle et langue de l'enseignement et il est présent de façon prédominante dans les inscriptions publiques et privées ;

– de par son étroite parenté avec leur parler local, l'allemand est d'un accès plus aisé pour les Luxembourgeois et cette langue a leur préférence pour les lectures et textes non officiels.

Peeters, 1996-1997, p. X.

Cependant, même si les signes extérieurs de concurrence (et donc de *conflit* potentiel) ne manquent pas, il semble que la gestion communautaire du plurilinguisme ne pose pas de problème majeur dans ce pays à la population modeste, comparée aux autres pays de l'Union Européenne.

Pour M. Siguán (1996, p. 78), « la réalité du caractère multilingue de l'État luxembourgeois est manifeste dans son système éducatif. Le luxembourgeois est utilisé à l'école maternelle, et il restera la langue de la relation orale tout au long du primaire. Cependant, au début de l'école primaire, à six ans, commence l'enseignement de la lecture et de l'écriture en allemand, puis un an après le français est introduit, de sorte que les deux langues qui s'utilisent comme langue d'enseignement se trouvent très tôt dans une situation d'équilibre ».

Mais « le luxembourgeois, [n']est maintenu [qu']à raison d'une demi-heure hebdomadaire »...

La carte 1 ci-dessous situe les cas européens mentionnés dans ce qui précède.

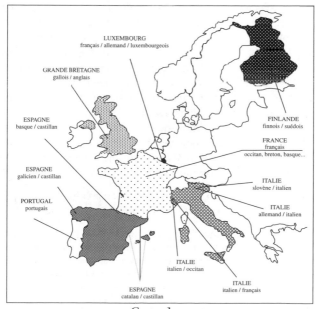

Carte. 1.
Du monolinguisme au plurilinguisme :
sept types de situation glottopolitique en Europe

2. Le cas de la « néologie défensive » de la France face à l'anglo-américain (1972-1994)

On peut dire que la France ne s'engage dans une politique linguistique officielle digne de ce nom (c'est-à-dire une politique qui se dote de moyens juridiques, institutionnels... et financiers adéquats) qu'à partir des années soixante et concrètement, du décret de 1966 créant le « Haut Comité pour la défense et l'expansion de la langue française », puis de celui de 1972 « relatif à l'enrichissement de la langue française », qui prévoyait la mise en place de *commissions ministérielles de terminologie* qui avaient pour mission de mettre de l'ordre dans le vocabulaire français, en chassant si possible les vocables importés massivement d'outre-Atlantique et de promouvoir des vocables de substitution.

La mise en place d'un tel dispositif ainsi que de dispositions légales visait évidemment, au-delà de la défense d'une intégrité linguistique, la défense d'un vaste ensemble géolinguistique (et géopolitique) : la francophonie, qui on le sait, rassemble de nombreux pays dans le monde ayant en partage la langue française. Deux textes de loi ponctuent cette politique linguistique française de la fin du XXe siècle : la loi Bas-Lauriol (1975) et la loi Toubon (1994). Outre ces deux lois, entre 1966 et 1993, pas moins de quatre-vingt-quatorze textes réglementaires (décrets, circulaires et arrêtés), dont quarante-huit arrêtés et circulaires relatifs à diverses terminologies vont être établis (*cf.* le *Dictionnaire des termes officiels de la langue française* publié par la Délégation générale à la langue française en 1994).

La première loi (Bas-Lauriol), passée à peu près inaperçue auprès du grand public, stipulait dans son premier article que :

> Dans la désignation, l'offre, la présentation, la publicité écrite ou parlée, le mode d'emploi ou d'utilisation, l'étendue et les conditions de garantie d'un bien ou d'un service, ainsi que les factures et quittances, l'emploi de la langue française est obligatoire. Le recours à tout terme étranger ou à toute expression étrangère est prohibé lorsqu'il existe une expression ou un terme approuvés dans les conditions prévues par le décret n° 72-19 du 7 janvier 1972 relatif à l'enrichissement de la langue française. Le texte français peut se compléter d'une ou plusieurs traductions en langue étrangère.

Les mêmes règles s'appliquent à toutes informations ou présentations de programmes de radio diffusion et de télévision, sauf lors qu'elles sont destinées expressément à un public étranger. [...]

Cependant les sanctions prévues pour les entorses à cette loi étaient tellement dérisoires qu'elle n'eut pas un impact à la hauteur de la volonté affichée. Qu'on en juge : la compagnie aérienne TWA, pour avoir, en infraction à la loi en question, remis en France, des cartes d'embarquement uniquement rédigées en anglais, fut condamnée à 500 francs d'amende et à verser 500 francs de dommages et intérêts à l'Association générale des usagers de la langue française qui s'était portée partie civile...

Les commissions de terminologie, créées en 1972 et confirmées dans leur mission par la loi de 1975, ont certes bien travaillé (plus de trois mille unités lexicales recensées dans le dictionnaire cité) mais il convient d'apprécier objectivement, avec C. Hagège, les limites de ce qu'il appelle une « néologie défensive », pas toujours pertinente du point de vue strictement sémiolinguistique : si parfois on a « abouti à des innovations qui paraissent en voie d'être consacrées par l'usage chez les gens de métier : *cadreur* et *perchiste*, par exemple, rendent aujourd'hui assez précaire la position de *cameraman* et celle de *perchman*. De même, le mot *baladeur* fait de plus en plus sûrement son chemin ([il] a donc des chances sérieuses de supplanter *walkman* [...]), il est clair que *spot* [n'est pas] vraiment menacé par *message publicitaire*, qui contrevient à cette tendance au mot court dont la pression, périodiquement renaissante, est si forte aujourd'hui. [De même] *présonorisation, enregistrement fractionné, exclusivité, spectacle solo*, réussiront-ils à se substituer à *play-back, multiplay, scoop, one man show*... ?» (Hagège, 1987, p. 150-152).

À l'opposé, on peut mentionner d'autres réussites néologiques comme *logiciel, puce, monospace, covoiturage* ou encore *VTT*...

La loi de 1994 « relative à l'emploi de la langue française », qui s'est substituée à la loi de 1975 depuis septembre 1995, vise, selon la Délégation générale à la langue française, à élargir le champ de cette dernière et à renforcer les dispositions, dans cinq domaines essentiels :

– l'information des consommateurs,
– le monde du travail,

– l'enseignement,
– l'audiovisuel,
– les manifestations, colloques et congrès.

Cependant la censure partielle du Conseil constitutionnel (suite à une polémique publique spectaculaire relayée par des parlementaires) a supprimé une disposition très importante contenue pourtant dans la loi de 1975 concernant la responsabilité des médiateurs en matière de promotion ou non des termes approuvés par les Commissions de terminologie (*cf. Les Brèves*, publication périodique de la Délégation générale à la langue française, institution qui a précisément en charge le suivi de cette politique *d'aménagement linguistique*, en particulier le numéro 3 de 1995). En revanche, cette nouvelle loi comporte un dispositif pénal spécifique (à la différence de la loi de 1975) : les infractions concernant la présentation des produits et l'organisation de colloques internationaux sont passibles désormais d'amendes d'un montant de 5 000 francs si les contrevenants sont des personnes publiques et d'un montant de 25 000 francs s'il s'agit de personnes morales. Les autres infractions sont sanctionnées sur la base du Code du travail. Enfin un décret de 1996 prévoit la création d'une Commission générale de terminologie et de néologie et précise à nouveau le statut et les missions des commissions spécialisées de terminologie et de néologie. Il établit les nouvelles prérogatives de l'Académie française en la matière : ainsi, « les termes, expressions et définitions proposés par la Commission générale ne peuvent être publiés au *Journal officiel* sans l'accord de l'Académie française ».

Un sondage d'opinion réalisé par la SOFRES pour le quotidien *Le Figaro* entre le 7 et le 9 février 1995 ne plaide pas en faveur d'un franc succès pour cette politique linguistique : 23 % des sondés, « pour défendre la langue française », sont « favorables à ce qu'on interdise l'usage public des mots étrangers (par exemple sur les affiches, dans les journaux, etc.) », alors que 71 % sont « hostiles à cette idée : une langue doit accepter les mots étrangers pour s'enrichir et se développer » (*Le Figaro*, 7 avril 1995). Quant à certains observateurs étrangers, ils expriment un point de vue nettement critique quant à cette politique linguistique de la France des dernières décennies, soutenant que « les attaques contre les américanismes [...] sont le produit d'une réaction, dans tous les sens du terme, à l'encontre d'une révolution culturelle et sociale qui confirme le déclin de la civilisation française et de sa langue » (P. Trescases, *Le franglais vingt ans après*, Montréal, Guérin, 1982, p. 125).

Les diagnostics, tout comme les pronostics, sont contradictoires : c'est qu'une évaluation digne de ce nom n'a pas encore vu le jour, malgré quelques tentatives de chercheurs attentifs à cette dimension de la politique officielle de la France. On pourra consulter à cet égard Depecker (1997) qui, à l'issue de l'une de ses études, concernant l'« implantation des arrêtés de terminologie » dans les domaines de l'audiovisuel et de la publicité, propose cette réflexion critique :

> Il apparaît bien [...] que le système rigide et les dispositions réglementaires des arrêtés s'appliquent mal à la réalité de la langue et qu'ils ne tiennent pas suffisamment compte des conditions sociales de la communication.
>
> On peut donc penser que ce système doit être modifié et que les modes d'action des commissions de terminologie doivent être redéfinis.
>
> Les commissions, nous semble-t-il, devraient être avant tout une instance de réflexion, une force de proposition dont l'action s'exerce sur la langue d'une façon incitative. Les différentes observations que nous avons rassemblées [...] montrent bien par ailleurs que les commissions doivent s'appuyer avec réalisme sur l'observation de l'usage et s'adapter aux évolutions des concepts et des terminologies.
>
> Chansou, 1997, p. 166.

Bibliographie

ARACIL Ll. V. (1982). *Papers de sociolingüística*, Barcelona, Edicions de la Magrana.

ARACIL Ll. V. (1983). *Dir la realitat*, Barcelona, Edicions Països Catalans.

BACHMANN C., LINDELFELD J. et SIMONIN J. (1981). *Langages et communications sociales*, Paris, Crédif-Hatier.

BOURDIEU P. et BOLTANSKY L. (1975). « Le fétichisme de la langue », *Actes de la Recherche en Sciences sociales*, n° 4.

BOURDIEU P. (1982). *Ce que parler veut dire*, Paris, Fayard.

BOURDIEU P. (1983). « Vous avez dit "populaire" ? », *Actes de la Recherche en Sciences sociales*, n° 46.

BOYER H. (1991*a*). *Langues en conflit*, Paris, L'Harmattan.

BOYER H. (1991*b*). *Le langage en spectacle*, Paris, L'Harmattan.

BOYER H. et STRUBELL M. (éds.) (1994). « La politique linguistique de la Catalogne autonome et la sociolinguistique catalane : un état des lieux », *Lengas*, Montpellier, n° 35.

BOYER H. (sous la dir.) (1996). *Sociolinguistique : territoires et objets*, Neuchâtel, Delachaux et Niestlé.

BOYER H. (1996). *Éléments de sociolinguistique*, Paris, Dunod.

BOYER H. (éd.) (1997). *Plurilinguisme : « contact » ou « conflit » de langues ?*, Paris, L'Harmattan, coll. « Sociolinguistique ».

BREATHNACH D. (éd.) (1998). *Mini-manuel des langues moins répandues de l'Union européenne*, Dublin, Bureau européen pour les langues moins répandues.

CALVET L.-J. (1981). *Les langues véhiculaires*, Paris, PUF.

CALVET L.-J. (1987). *La guerre des langues et les politiques linguistiques*, Paris, Payot.

CHANSOU M. (1993). « Étude d'implantation des arrêtés de terminologie. Domaines : audiovisuel et publicité », *in* L. Depecker (éd.), *La mesure des mots. Cinq études d'implantation terminologique*, Presses de l'Université de Rouen, 1997.

CHAUDENSON R. (1992). *Des îles, des hommes, des langues*, Paris, L'Harmattan.

CHAUDENSON R. (1995). *Les Créoles*, Paris, PUF, coll. « Que sais-je ? ».

COSERIU E. (1967). « Structure lexicale et enseignement du vocabulaire », *in Les théories linguistiques et leurs applications*, AIDELA.

COSERIU E. (1973). *Sincronía, diacronía e historia*, Madrid, Gredos.

DAOUST D. et MAURAIS J. (1987). « L'aménagement linguistique », *in* J. Maurais (sous la dir.) (1987), *Politique et Aménagement linguistiques*, Québec, gouvernement du Québec, Conseil de la langue française.

DE PIETRO J.-F. (1988). « Vers une typologie des situations de contacts linguistiques », *Langage et Société*, n° 43.

DEPREZ C. (1999). *Les enfants bilingues*, Paris, Didier-CREDIF.

DRESSLER W.U. (1992). « La extinción de una lengua » *in* F.J. Newmeyer (éd.), *Panorama de la lingüística moderna. IV. El lenguaje : contexto socio-cultural*, Madrid, Visor.

DUMONT P. (1983). *Le français et les langues africaines au Sénégal*, Paris, Karthala et ACCT.

FERGUSON Ch. A. (1959). « Diglossia », *Word*, XV.

FISHMAN J.A. (1971). *Sociolinguistique*, Paris, Nathan et Bruxelles, Labor.

FISHMAN J.A. (1991). *Reversing Language Shift. Theorical and Empirical Foundations of Assistance to Threatened Languages*, Cleveland-Philadelphia-Adelaïde, Multilingual Matters Ltd.

FRANCARD M. (éd.) (1993-1994). « L'insécurité linguistique dans les communautés francophones périphériques », Actes du colloque de Louvain-la-Neuve, 10-12 novembre 1993, *Cahiers de l'Institut de linguistique de Louvain*, 19.3-4 et 20.1-2.

GADET F. (1989). *Le français ordinaire*, Paris, A. Colin.

GAMBIER Y. (1987). « Le bilinguisme institutionnel en Finlande », *Études de linguistique appliquée*, Paris, n° 65.

GARDY P. (1985). « Langue(s), non langue(s), lambeaux de langue(s), normes », *in* A. Winter (éd.), *Problèmes de glottopolitique*, *Cahiers de linguistique sociale*, n° 7, université de Rouen.

GARDY P. et LAFONT R. (1981). « La diglossie comme conflit : l'exemple occitan », *Langages*, n° 61.

GIORDAN H. et RICARD A. (éds.) (1976). *Diglossie et littérature*, Bordeaux-Talence, Maison des sciences de l'homme.

GUESPIN L. et MARCELLESI J.-B. (1986). « Pour la glottopolitique », *Langages*, n° 83.

GUEUNIER N., GENOUVRIER E. et KHOMSI A. (1978). *Les Français devant la norme*, Paris, Honoré Champion.

GUIMELLI C. (sous la dir.) (1994). *Structures et transformation des représentations sociales*, Neuchâtel, Delachaux et Niestlé.

GUMPERZ J.-J. (1989). *Sociolinguistique interactionnelle*, Paris, L'Harmattan et université de la Réunion.

HAGEGE C. (1987). *Le Français et les siècles*, Paris, Odile Jacob, rééd. Le Seuil, coll. «Points».

HAGEGE C. (2000). *Halte à la mort des langues*, Paris, Odile Jacob.

HOUDEBINE A.-M. (1993). « De l'imaginaire des locuteurs et de la dynamique linguistique. Aspects théoriques et méthodologiques », *Cahiers de l'Institut de linguistique de Louvain*, n° 20, 1-2.

JARDEL J.-P. (1982). « Le concept de "diglossie" de Psichari à Ferguson », *Lengas*, Montpellier, n° 11.

JOURNAL OFFICIEL DE LA RÉPUBLIQUE FRANÇAISE (1994). *Dictionnaire des termes officiels*, Paris, Délégation générale à la langue française.

KREMNITZ G. (1987). « Diglossie : possibilités et limites d'un terme », *Lengas*, Montpellier, n° 22.

LABOV W. (1976). *Sociolinguistique*, Paris, Éditions de Minuit.

LABOV W. (1978). *Le parler ordinaire. La langue dans les ghettos noirs des États-Unis*, Paris, Éditions de Minuit.

LABOV W. (1992). « La transmission des changements linguistiques », *Langages*, n° 108

LABOV W. (1998). « Vers une réévaluation de l'insécurité linguistique des femmes », *in* P. Singy (éd.), *Les femmes et la langue*, Lausanne, Delachaux et Niestlé.

LACKS B. (1984). « Le champ de la sociolinguistique française de 1968 à 1983. Production et fonctionnement », *Langue française*, n° 63.

LAFONT R. (1971). « Un problème de culpabilité sociologique : la diglossie franco-occitane », *Langue française*, n° 9.

LAFONT R. (1979). « La diglossie en pays occitan ou le réel occulté » *in* R. Kloepfer (éd.), *Bildung und Ausbildung in der Romania*, Akten des Romanistentages Giessen 1977, München, Wilhem Fink Verlag, vol. II.

LAFONT R. (1983). « L'à dire et le temps du silence : pour une linguistique de la parole productrice », *Cahiers de praxématique 1*, Montpellier.

LAFONT R. (1997). *Quarante ans de sociolinguistique à la périphérie*, Paris, L'Harmattan.

LAGARDE C. (1996). *Le parler « melandjao » des immigrés de langue espagnole en Roussillon*, Perpignan, Presses universitaires de Perpignan.

LANGAGES, « Bilinguisme et diglossie », n° 61, 1981.

LANGUE FRANÇAISE, « Les représentations de la langue : approches sociolinguistiques », n° 85, 1990.

LEEMAN-BOUIX D. (1994). *Les fautes de français existent-elles ?*, Paris, Éditions du Seuil.

LÜDI G. (1997). « Un modèle consensuel de la diglossie ? » *in* M. Matthey (éd.), *Les langues et leurs images*, Neuchâtel, IRDP.

LÜDI G. et PY B. (1986). *Être bilingue*, Berne, Lang.

LÜDI G. et PY B. (éds.) (1995). *Changement de langage et langage du changement*, Lausanne, L'Âge d'homme.

MACKEY W.F. (1976). *Bilinguisme et contact des langues*, Paris, Klincksiek.

MANESSY G. (1995). *Créoles, pidgins, variétés véhiculaires. Procès et genèse*, Paris, CNRS Éditions.

MARCELLESI J.-B. et GARDIN B. (1974). *Introduction à la sociolinguistique : la linguistique sociale*, Paris, Larousse.

MARTINET A. (1969). *Le français sans fard*, Paris, PUF.

MATTHEY M. (éd.) (1997). *Les langues et leurs images*, Neuchâtel, IRDP.

MATTHEY M., DE PIETRO J.-F. (1997). « La société plurilingue : utopie souhaitable ou domination acceptée ? », *in* H. Boyer (éd.), *Plurilinguisme : « contact » ou « conflit » de langues ?*, Paris, L'Harmattan.

MAURAIS J. (sous la dir.) (1987). *Politique et aménagement linguistiques*, Québec, gouvernement du Québec, Conseil de la langue française.

NINYOLES R. Ll. (1969). *Conflicte linguïstic valencià. Substitució lingüística i ideologies diglossiques*, Valencia, Eliseu Climent.

PEETERS R.-J. (1996-1997). « Trilinguisme et triglossie : l'emploi des langues dans la presse quotidienne luxembourgeoise », *Orbis*, t. XXXIX, Louvain.

SAUSSURE F. (de) (1974). *Cours de linguistique générale*, édition critique préparée par T. de Mauro, Paris, Payot.

SIGUAN M. (1996). *L'Europe des langues*, Liège, Mardaga.

SIGUAN M. (1993). *Opiniones y actitudes. Conocimiento y uso de la lenguas en España*, Madrid, Centro de Investigaciones Sociológicas.

TRUDEAU D. (1992). *Les inventeurs du bon usage (1529-1647)*, Paris, Éditions de Minuit.

VALLVERDU F. (1980). *Aproximació crítica a la sociolingüística catalana*, Barcelona, Edicions 62.

Index des notions

Les *topos*

PSYCHO SUP

Le cours et ses exercices

Cours de psychologie (Ghiglione, Richard et coll.)
        Tome 1 – Origines et bases
        Tome 2 – Bases, méthodes, épistémologie
        Tome 3 – Champs et théories
        Tome 4 – Mesures et analyses
        Tome 5 – Structures et activités
        Tome 6 – Processus et applications
Exercices de psychologie (Dubois, Beauvois)
        Tome 1 – Débats fondateurs et épistémologie
        Tome 2 – Bases et méthodes

Les manuels

Biologie pour psychologues. Cours et exercices (Boujard, Joly), 3e édition
Psychologie sociale. Cours et exercices (Cerclé, Somat), 2e édition
Statistique pour psychologues. Cours et exercices (Guéguen), 3e édition
Psychologie différentielle. Cours et exercices (Huteau), 3e édition
Psychologie du développement. Enfance et adolescence. Cours et exercices
  (Lehalle, Mellier), 2e édition
Psychologie cognitive. Cours et exercices (Lieury), 4e édition
Manuel de psychopathologie (Besançon et coll.)
Manuel de neuropsychologie (Eustache, Faure), 3e édition
Manuel de psychologie du vieillissement (Fontaine)

Psychologie cognitive

Traité des sciences et pratiques de l'éducation (Beillerot, Mosconi et al.)
Naissance et développement des concepts chez l'enfant (Berger, Blaye,
  Bonthoux)
L'Apprenance (Carré)
Apprentissages et enseignement. Sciences cognitives et éducation (Dessus,
  Gentaz et al.)
Comprendre les apprentissages. Sciences cognitives et éducation
  (Gentaz, Dessus et al.)
Psychologie cognitive du langage (Gineste, Le Ny)
Psychologie de la mémoire (Lieury)
Lecture et dyslexie. Approche cognitive (Sprenger-Charolles, Colé)

Psychologie sociale

Le Groupe en psychologie sociale (Aebischer, Oberlé), 2e édition
Les Techniques d'enquête en sciences sociales (Blanchet et coll.)
Psychologie sociale et communication (Bromberg, Trognon)
Psychologie de la santé. Modèles, concepts et méthodes (Bruchon-Schweitzer)
Traité des sciences et des techniques de la formation (Carré, Caspar et coll.),
  2e édition
Psychologie sociale de la cognition (Dubois et al.)
Psychologie des violences sociales (Fischer)
Les Concepts fondamentaux de la psychologie sociale (Fischer), 3e édition
Les Concepts fondamentaux de la psychologie de la santé (Fischer, Tarquinio)
Traité de psychologie de la santé (Fischer et al.)
Psychologie de l'agression (Fontaine)
Psychologie de la manipulation et de la soumission (Guéguen)
Orientation et insertion professionnelles (Guichard, Huteau)

Psychologie de l'orientation (Guichard, Huteau), 2e édition
L'enquête quantitative en sciences sociales (Lebaron)
Psychologie de l'identité. Soi et le groupe (Marc)
Manuel de recherche en sciences sociales (Quivy, Van Campenhoudt),
    3e édition
Introduction aux méthodes quantitatives en sciences humaines et sociales
    (Rosental, Murphy)
La catégorisation et les stéréotypes en psychologie sociale (Sales-Wuillemin)
Introduction à l'analyse des phénomènes sociaux (Van Campenhoudt)
La méthode d'analyse en groupe (Van Campenhoudt, Chaumont, Franssen)

Psychologie clinique

Problématiques de l'hystérie (André, Lanouzière, Richard)
Processus de la schizophrénie (Azoulay, Chabert, Gortais, Jeammet)
Épreuves thématiques en clinique infantile (Boekholt)
Nouveau manuel du TAT. Approche psychanalytique (Brelet-Foulard, Chabert
    et al.)
Névroses et fonctionnements limites (Chabert, Brusset, Brelet-Foulard)
Actes et dépendances (Chabert, Ciavaldini, Jeammet, Schenckery)
Figures de la dépression (Chabert, Kaës, Lanouzière, Schniewind)
Mécanismes de défense et coping (Chabrol, Callahan)
Méthodes, évaluation et recherches en psychologie clinique (Chahraoui,
    Bénony)
La Névrose obsessionnelle. Contraintes et limites (Cohen de Lara, Marinov,
    Ménéchal)
Phobie et paranoïa. Étude de la projection (Couchard, Sipos, Wolf)
Psychopathologie de l'expérience du corps (Debray, Dejours, Fédida)
Les méthodes cliniques en psychologie (Douville et al.)
Clinique des troubles psychosomatiques. Approche psychanalytique (Dumet)
15 cas cliniques en psychopathologie de l'adulte (Dumet, Ménéchal)
Narcissisme et perversion (Jeammet, Neau, Roussillon)
Neuropsychologie de l'enfant. Troubles développementaux et de l'apprentissage
    (Lussier, Flessas)
L'hyperactivité infantile (Ménéchal et coll.)
Le développement de la personnalité. Du normal au pathologique
    (Michel, Purper-Ouakil)
La Vie affective des groupes (Pagès)
La Pratique de la psychologie clinique (Perron et coll.)
L'évaluation clinique en psychopathologie de l'enfant (Petot)
Nouvelle histoire de la psychiatrie (Postel, Quetel)
La Pratique de l'entretien clinique (Poussin), 3e édition
Psychologie clinique. Approche psychanalytique (Séchaud et coll.)

Psychopédagogie

Mémoire et réussite scolaire (Lieury), 3e édition
Motivation et réussite scolaire (Lieury, Fenouillet), 2e édition
Lecture et réussite scolaire (Jamet)
Attention et réussite scolaire (Boujon, Quaireau)

044803 - (II) - (1) - OSB 80° - PUB- API

Achevé d'imprimer sur les presses de
SNEL Grafics sa
Z.I. des Hauts-Sarts – Zone 3
Rue Fond des Fourches 21 – B-4041 Vottem (Herstal)
Tél +32(0)4 344 65 60 - Fax +32(0)4 286 99 61
décembre 2006 — 40580

Dépôt légal : septembre 2001, suite du tirage : janvier 2007

Imprimé en Belgique